학습자를 사로잡는

강의 콘텐츠
만들기

학습자를 사로잡는

강의 콘텐츠 만들기

| 박준영 지음 |

이담
Books

목차

1장 주제와 메시지를 생각하고 시작하자

2장 탄탄한 강의를 위해 이론부터 공부하자

학습자를 사로잡는 강의 콘텐츠를 만듭니다

　학습자에게 유익한 강의 콘텐츠는 무엇일까요? 학습자가 몰입할 수 있는 강의 콘텐츠는 어떻게 만들어야 할까요? 강사가 해결하기 어려운 문제입니다. 안타깝지만 완벽하게 풀 수 있는 문제가 아닌 것 같습니다. 해결하기 어려운 문제를 가지고 지금도 책상 앞에서 씨름하고 있을 많은 강사님들이 떠오르네요. 저 역시 오랜 시간 강의 콘텐츠를 만들기 위해 노력했고, 지금도 여전히 노력하는 중입니다. 고민 끝에 만든 결과물이 만족스러울 때도 있었고, 아쉬울 때도 있었습니다. 감사하게도 이런 과정에서 알게 된 몇 가지가 있습니다. 강사님들에게 유용한 방법이라 생각해서 공유하기 위해 내용을 정리했습니다. 지금도 강의 콘텐츠에 대한 고민으로 밤새우시는 많은 분들에게 조금이나마 도움이 되고 싶은 마음입니다.

　지금은 강사나 강의 관련한 책이 많습니다. 하지만 제가 처음 일을 시작했을 땐 턱없이 부족했었어요. 제대로 알려주는 사람도 없어서 무턱대고 콘텐츠를 하나씩 만들었습니다. 한 달 내내 고생해도 만족스러운 콘텐츠가 나오지 않아서 좌절하기도 했었죠. 막연하고 막막한 시절이었습니다. 오랜 시간 공을 들인다고 해서 결과물이 좋게 나오지 않는 영역이니까요. 지금도 여전히 창작의 고통에 몸부림치곤 합니다. 아마 어떻게 강의 콘텐츠를 만들어야 하는지, 무엇이 필요하고, 무엇을 배워야 하는지 알았더라면 조금은 수월했을 거라 생각합니다. 서울에서 공개강의를 열면 대전, 대구, 부산에서 올라오시는 분들이 있습니다. 강의 콘텐츠 만드는 방법을 배우러 긴 여정을 마다하지 않으신 분들이죠. 제가 겪었던 어려움을 지금도 동일하게 겪고 계시는 분들이 있을 거라 생각해서 글을 썼습니다. 유익하고 재미있는 강의 콘텐츠를 만들기 위해 노력한 흔적을 담고자 했습니다.

저는 강의가 종합예술이라고 생각합니다. 준비부터 실행까지 창조하는 일이며 정해진 방식도 정답도 없는 세계라고 생각합니다. 그래서 해야 할 일도 많고, 신경 쓰고 준비해야 할 것도 많습니다. 끊임없이 배우고 새로움을 시도해야 하는 영역입니다. 그래서 강사들의 가장 큰 특징 중 하나가 배움에 대한 열정이 남다르다는 것이겠죠. 가장 중요한 배움의 본질은 강의 콘텐츠입니다. 학습자의 변화를 위해, 더 나은 강의를 위해 최선을 다해야 하는 영역이라고 믿습니다. 그래서 메시지와 구조를 만들고, 이론을 공부하고, 사례를 찾고, 참여를 설계하는 과정이 중요합니다. 강의가 아름다운 종합예술이 될 수 있도록 도움을 드릴 수 있으면 좋겠습니다.

교육 설계 모형으로 ADDIE 모델이 있습니다. 분석(Analysis), 설계(Design), 개발(Development), 실행(Implementation), 평가(Evaluation)의 5단계입니다. 각 단계의 첫 글자를 따라 ADDIE 모델이라고 부릅니다. 강의 콘텐츠 만들기는 5단계 중 개발이 중심인 이야기입니다.

물론 개발을 위해서는 분석과 설계에 대해서도 알아야 합니다. 그리고 실행에 대한 내용도 필요합니다. 각 단계는 연결되어 있기 때문에 개발만 독립적으로 설명하는 건 불가능합니다. 모든 단계를 포함해서 설명하지만 이 책은 학습 자료를 준비하는 개발 단계에 집중하고 있다는 점을 생각하고 읽으셨으면 합니다. 분석, 설계, 실행, 평가에 대해 더 자세히 알고 싶으시다면 교수 설계에 대한 책을 읽으시면 도움을 얻으실 수 있습니다.

강의 콘텐츠를 개발하는 방법은 정해져 있지 않습니다. 앞으로 알려드릴 내용은 저만의 방식입니다. 같은 주제라도 강사에 따라 강의가 다르듯이 강의 콘텐츠를 만드는 방법도 다릅니다. 각자가 가지고 있는 강점이나 배경지식, 강의 스타일이 다르기 때문입니다. 그래서 제가 알려드리는 강의 콘텐츠 만들기는 강요할 수 있는 것도 아니고, 강요해서 되는 방법도 아닙니다. 이 책을 읽으면서 전부 따라 해야겠다는 생각보다는 필요한 부분을 발췌해서 적용하면 좋겠습니다. 미처 몰랐던 부분을 알게 될 수도 있고, 알고 있었던 내용을 다시 상기할 수 있는 기회가 될 것입니다.

이 책은 강의 콘텐츠를 만드는 방법에 대한 4개의 장으로 구성되어 있습니다.

1장은 "주제와 메시지를 생각하고 시작하자"입니다. 강의 주제에 대해서 생각할 점과 강의 메시지를 만드는 방법을 소개합니다. 강의 주제는 변하지 않는 것과 변하는 것들에 대한 이야기입니다. 이를 클래식과 트렌드라는 용어로 설명합니다. 그리고 강의 메시지를 만들기 위해서 필요한 핵심 단어를 찾고 어떻게 활용할 수 있는지를 적었습니다. 핵심 단어는 강의 콘텐츠를 만드는 데 가장 중요한 요소입니다. 핵심 단어를 활용하여 메시지를 만드는 방법을 배울 수 있습니다.

2장은 "탄탄한 강의를 위해 이론부터 공부하자"입니다. 강의 콘텐츠를 만들려면 먼저 주제에 대한 배경지식이 있어야 합니다. 뭐든 알고 있어야 강의 콘텐츠를 만들 수 있습니다. 따라서 어떻게 배경지식을 쌓을 수 있는지 알려드릴 것입니다. 배경지식을 쌓는 기초적인 방법은 독서입니다. 그리고 독서 외에 배경지식을 쌓고 전문성을 키울 수 있는 방법을 소개합니다. 배경지식을 쌓은 다음에 강의 구조를 만들 수 있습니다. 강의 구조는 자기 생각의 흐름을 표현한 것입니다. 강의 내용이 맥락에 맞는지, 논리적으로 타당한지를 알 수 있도록 구조를 만드는 방법을 알아보겠습니다.

3장은 "강의를 말랑말랑하게 하는 사례를 만들자"입니다. 학습자가 흥미를 느끼고, 자극을 얻고, 공감할 수 있는 사례를 만들 것입니다. 사례를 만들기 위해 먼저 강사 본인의 경험과 생각을 정리합니다. 또한 다양한 분야의 사례를 소개해서 쉽게 접근할 수 있도록 할 것입니다. 강의 콘텐츠의 핵심은 사례라고 할 수 있습니다. 강사가 강의 콘텐츠를 만들면서 가장 많은 시간과 노력을 투자하는 영역입니다. 사례를 만들 수 있는 방법에 대해 최선을 다해 알려드리겠습니다.

4장은 "학습자가 함께 배우는 참여를 만들자"입니다. 학습자가 능동적으로 강의에 참여할 수 있는 활동과 도구를 알려드립니다. 실습, 질문, 게임, 대화를 이용하여 학습자가 강의에 참여할 수 있게 합니다. 참여는 강력한 강의 수단입니다. 학습자가 강의에 참여함으로써 실제로 배우고 적용할 수 있습니다. 어쩌면 교육과 강의의 완성은 참여에서 이뤄진다고 할 수 있습니다.

책을 읽으면서 생각해야 할 주의 사항이 있습니다.

첫 번째 주의 사항은 '예습보다는 복습'입니다. 책을 읽기 전에 미리 무언가를 공부할 필요는 없습니다. 하지만 복습은 중요합니다. 이 책을 한 번 읽는 것이 목표가 아닙니다. 읽은 후 실천하고 활용해야 가치가 있습니다. 지식의 영역이 아니라 스킬의 영역입니다. 따라서 복습으로 숙련도를 높이는 것이 중요합니다. 일정이 많고 일상이 바빠 강의 콘텐츠에 신경 쓸 시간이 없고, 에너지를 소진한 하루를 보내는 날이 있을 겁니다. 괜찮습니다. 어제 못 했다면 오늘 하면 됩니다.

이어서 두 번째 주의 사항은 '번뜩임보다는 꾸준함'입니다. 강의 콘텐츠를 만드는 일은 창작의 과정입니다. 지금 창작의 고통을 겪고 계시나요? 작곡가나 작가가 음악이나 글을 쓰기 위해 몇 년을 고생하고 스트레스 받는 것처럼 강사도 강의 콘텐츠를 만들기 위해 밤을 지새우며 보내는 날이 쌓여야 합니다. 이 과정은 번뜩이는 아이디어로 채울 수 없습니다. 꾸준하고 성실하게 하나씩 쌓아가야 합니다. 이론을 공부하는 것도 그렇고, 사례를 찾는 것도 그렇습니다. 지름길은 없습니다. 하나씩 천천히 오늘도 애쓰고 계신 당신을 응원합니다.

학습자를 사로잡기 위한 노력은 끝이 없습니다. 어떤 강사는 화려한 언변으로, 다른 강사는 마술과 퍼포먼스로, 또 다른 강사는 시선을 끄는 각종 도구를 활용합니다. 저는 콘텐츠가 가진 힘으로 학습자를 사로잡기 위해 노력하고 있습니다. 콘텐츠로 재미와 웃음을 유발하기도 하고, 감동을 선사하기도 하며, 위로와 공감을 느낄 수 있도록 강의합니다. 이제는 언택트 시대라서 온라인 강의에서 학습자를 사로잡을 콘텐츠를 연구해야 합니다. 고민이 끝나질 않네요. 더 좋은 강의 콘텐츠를 만들기 위해 저와 고민을 나누시는 건 어떨까요? 혼자보다 둘이 낫고, 둘보다 셋이 낫습니다. 이 책을 통해 저와 당신이 연결되면 좋겠습니다.

주제와 메시지를 생각하고 시작하자

1. 주제는 클래식하게, 콘텐츠는 트렌드하게

 강의 콘텐츠를 만들기 위해서 먼저 해야 하는 건 강의 주제를 고르는 일입니다. 여기서 강의 주제는 직무 교육이 아닌 직급별 소양 교육이나 직무 교양을 말합니다. 먼저 주제를 제안하는 경우도 있지만, 대부분은 의뢰를 받죠. 의뢰를 하는 담당자가 주제를 정하는 경우가 많으며, 때때로 학습자가 누구인지에 따라 주제를 제안해야 하는 경우도 있습니다. 팀장, 임원급이라면 리더십, 코칭, 갈등관리가 메인이 될 것이며, 과장, 대리급이라면 커뮤니케이션, 동기부여, 프레젠테이션이 메인일 것입니다. 신입 사원이라면 셀프리더십, 직장예절, 커뮤니케이션이 메인입니다. 직급별로 다루는 주제가 다르니 계층별 교육을 진행한다면 그에 맞는 강의 콘텐츠를 준비해야 합니다.

 반면, 공통적으로 진행할 수 있는 강의 주제도 있습니다. 리더십, 커뮤니케이션이 여기에 해당하며, 인문학이나 4차 산업과 같은 특수한 주제의 강의도 공통 주제입니다. 법정의무교육에 해당하는 성희롱 예방, 개인정보 보호, 장애인 인식 개선도 공통 주제입니다. 전직원이 함께 할 수 있는 팀빌딩 교육도 있습니다.

 강의를 의뢰 받으면 학습자와 강의 주제에 대한 고민을 시작합니다. 학습자에 대한 정보와 필요한 콘텐츠를 조사하고 그에 맞게 어떤 주제로 강의할 것인지 생각합니다. 그래서 적합한 주제를 정하는 데 오래 걸리는 편입니다. 담당자가 요청하는 주제가 있다 하더라도 실제로 강의하는 주제는 고민해야 합니다. 예를 들어 리더십을 요청 받았다면 어떤 리더십으로 강의할 것인지를 고민하는 것이죠. 리더 십에도 종류가 많습니다. 리더십 이론에 기반하는 상황대응 리더십, 코칭 리더십, 변혁적 리더십, 진성 리더십 등이 있습니다. 또는 사람 들이 요구하는 리더의 모습에 기반하여 리더의 영향력, 마인드, 커 뮤니케이션 등을 준비할 수도 있습니다. 이처럼 실제로 강의할 주제 를 정하는 것부터가 강의 콘텐츠 만들기의 시작입니다. 이제 강의 시장에 발을 디딘 초보강사라면 공통으로 진행할 수 있는 강의부터 시작할 것입니다. 다음 스텝으로 올라가고 싶다면 어떤 강의 주제를 다루면 좋을지 생각해보세요.

강의 주제를 생각할 때 클래식과 트렌드를 고려합니다. 클래식은 전공, 학위, 자격증, 수료로 증명할 수 있는 영역을 말합니다. 트렌드 는 유행, 이슈, 화제, 새로움으로 표현할 수 있는 영역입니다. 클래식 과 트렌드를 알려주는 예시가 있습니다. 바로 조선 역사에 대한 책 입니다. 조선 태조부터 철종까지 25대 472년간 조선 왕조의 역사적 사실을 기록한 책이 [조선왕조실록]입니다. 1997년에 유네스코에서 세계기록유산으로 등록한 우리나라의 국보입니다. [조선왕조실록]은 클래식입니다. 트렌드는 이를 쉽게 각색한 설민석 님의 [조선왕조실 록]이나 무적핑크 작가의 웹툰 [조선왕조실톡]이라고 할 수 있습니 다. 이 외에도 [조선왕조실록]을 바탕으로 제작한 영화, 드라마, 소 설들이 많습니다. 현대인들이 쉽게 읽고 볼 수 있는 형태로 변형한 것이죠. [조선왕조실록]이라는 클래식이 있고, 이를 변형한 트렌드가 존재한다는 것을 알 수 있습니다.

강의 주제와 연결해서 볼 수 있는 예시가 [삼국지]입니다. 우리가 흔히 아는 [삼국지]는 [삼국지연의]라는 소설입니다. 사실 [조선왕조실록]처럼 [정사 삼국지]라는 역사서가 있습니다. [정사 삼국지]의 내용을 기반으로 각색한 책이 우리가 흔히 접하는 [삼국지연의]입니다. 소설로 각색한 [삼국지연의]를 기반으로 강의 주제와 결합된 다양한 [삼국지]가 있습니다. 조조와 리더십이 결합한 [용인술의 대왕 조조], 여러 인물들을 팔로워십으로 엮어낸 [삼국지의 책사들], 비즈니스로 풀어 쓴 [적벽대전! 이길 수밖에 없는 제갈량의 전략기획서], [비즈니스 삼국지], 심리학으로 바라본 [프로이트 삼국지], 자기 계발, 대인관계를 알려주는 [관계에서 밀리지 않는 힘, 삼국지 권력술]까지 있습니다. 이렇게 강의 주제의 클래식과 트렌드가 잘 조화된 형태를 [삼국지]에서 찾아볼 수 있는데, 저는 이런 형태를 이상적인 강의 콘텐츠라고 생각합니다.

강의 주제에 있어 클래식은 경영학과 심리학이라고 볼 수 있습니다. 강사로서 전문성을 키우고 오래도록 하고 싶은 강의 주제를 찾는다면 이 두 학문에 기반하여 살펴보면 됩니다. 리더십, 대인관계와 같은 전통적인 강의 주제부터 퍼실리테이션, 게이미피케이션과 같이 최근 떠오르는 강의 주제 역시 경영학, 심리학에 포함되어 있습니다. 비록 강의를 위해 경영학, 심리학을 공부한다는 것이 쉽지는 않지만 꾸준히 관심을 가지고 공부해야 할 필요가 있습니다. 강의를 위한 공부를 한다면 경영학에서는 리더십, 조직관리, 조직개발, 인적자원개발 등이 있으며, 심리학에서는 인지심리학,

발달심리학, 사회심리학, 교육심리학, 상담심리학, 성격심리학 등이 있습니다.

클래식의 장점은 변하지 않는다는 데 있습니다. 오랜 세월 정립된 이론은 지금은 물론 미래에도 유용할 것입니다. 코로나로 인해 불확실성이 크고 변화가 빠른 요즘이라면 오히려 클래식을 준비해서 강의하는 것이 유용할 것입니다. 디지털이 아무리 빨리 발전한다고 해도 결국 사람이 가진 속성은 바뀌지 않을 것이기 때문이죠. 물론 새로운 이론이 등장하는 경우가 있지만 바뀌는 데 시간이 오래 걸리며 기존 이론 위에 쌓이는 것들이라 배경을 모르면 현재와 미래의 흐름을 읽기 어렵습니다. 그래서 클래식은 한 번만 제대로 배워서 내 것으로 만들면 유용합니다. 이는 곧 전문성으로도 이어집니다. 앞으로 강의의 가장 큰 경쟁력이 바로 전문성입니다. 전문성을 확보함으로써 강사로서 권위가 생깁니다. 또한 강의는 일 대 다수의 설득 과정이라고 볼 수 있습니다. 설득을 할 때 감정에 호소하는 것도 좋은 방법이지만 사실 위주의 내용을 근거로 제시하는 방법도 필요합니다. 강사가 하는 말의 근거가 무엇인지, 출처가 어디인지, 논리적이고, 과학적으로 타당한지를 클래식이 해결해줍니다.

트렌드는 시대를 반영합니다. 현재 살아가고 있는 사람들, 당장 교육장에서 만나는 학습자들이 흥미를 보이고 관심을 가지는 이야기입니다. 코로나로 인해 재택 근무가 많아지고, 이를 위한 디지털 도구나 자기 관리 방법들을 다루는 것이 트렌드입니다. 어쩌면 클래식이 교수가 다루는 영역이라면 트렌드에 더 무게를 두는 것이 강사라고 볼 수 있습니다. 학습자들은 현재 자신에게 도움이 되거나 자극 받고 감동 받는 이야기를 듣고 싶어 합니다. 또 몰랐던 것을 알게 되거나, 생각하게 되거나, 지적으로 성장하는 이야기도 원합니다. 여기에 발맞춰서 강의 콘텐츠를 만들어야 합니다. 트렌드는 학습자가 이미 본 것, 알고 있는 것을 좋아하지 않는다는 사실을 알려줍니다. 학습자는 새로운 자극, 새로운 콘텐츠를 끊임없이 찾습니다. 강사가 트렌드를 생각해야 하는 이유입니다.

클래식과 트렌드를 생각하면 지금부터 본인이 무엇을 해야 하고, 무엇을 필요로 하는지 파악할 수 있습니다. 리더십 강의를 의뢰 받아서 준비한다고 해보죠. 먼저 리더십의 클래식을 살펴볼까요? 리더십은 시대별로 전통, 현대, 최근 이론으로 구분합니다. 전통 이론에는 특성 이론, 행동 이론, 상황 이론이 있습니다. 특성 이론은 리더의 타고난 특성을 강조하는 이론이며, 행동 이론은 리더의 행동에 초점을 맞춘 이론입니다. 상황 이론은 상황에 따라 리더가 구성원에게 맞춤 행동을 해야 한다는 이론입니다.

현대 이론에는 카리스마 리더십, 변혁적 리더십, 서번트 리더십 등이 있습니다. 전통 이론에서 발전한 이론들입니다. 카리스마 리더십은 카리스마라는 독특한 특성에 대해서 연구합니다. 사람을 움직이게 만드는 고유한 매력을 카리스마라고 정의합니다. 변혁적 리더십은 카리스마를 기본으로 비전, 소통, 동기부여의 요소를 추가한 이론입니다. 서번트 리더십은 존중과 배려, 봉사의 가치를 중요하게 여기는 리더십입니다.

최근 리더십 이론은 감성 리더십, 윤리적 리더십, 진성 리더십, 공유 리더십 등이 있습니다. 감성 리더십은 구성원의 감정을 중요하게 여기며 감정을 공감하고, 감정을 정확하게 포착하고 표현하는 데 중점을 두는 이론입니다. 윤리적 리더십은 무엇보다 리더의 윤리성을 강조하는 이론입니다. 업무 과정과 결과 모두 윤리적이어야 한다고 주장합니다. 진성 리더십은 진정성을 바탕으로 리더의 자기 인식, 내재화된 윤리적 관점, 관계적 투명성, 균형화된 정보처리과정이라는 4가지 차원으로 리더십을 설명하는 이론입니다. 공유 리더십은 구성원들의 상호 영향력의 가능성을 높이며 정보를 공유하여 구성원 모두가 리더십을 발휘한다는 이론입니다.

리더십의 역사와 종류에 대해 간단하게 설명했습니다. 각각의 리더십 이론마다 중요하게 생각하는 특성이 있으며 이를 개발하기 위한 방법을 제시합니다. 현재 시대 흐름에 맞는지 아닌지, 학습자에게 적합한지 아닌지 생각해야겠지만 모두 리더십 강의로 활용할 수 있는 콘텐츠입니다. 이상의 내용이 리더십의 클래식입니다.

이제 리더십의 트렌드를 알아보죠. 트렌드는 시대에 따라 변합니다. 변화를 쉽게 알 수 있는 사례가 바로 인물입니다. 20년 전 리더십의 대표 인물은 2002년 축구 국가대표 감독 거스 히딩크였습니다. 월드컵 4강의 성과를 토대로 히딩크 리더십이 유행했었죠. 수많은 책들이 서점에 나왔었습니다. 히딩크 리더십이 지나고 나니 스티브 잡스가 떠올랐습니다. 지금은 마윈으로 바뀌었죠. 아마 시간이 지나면 다른 인물이 리더의 대표로 등장할 것입니다.

또 대표적인 트렌드 콘텐츠는 드라마입니다. [미생]에 등장한 오차장은 실제 현실에 있을 법한 리더의 모습을 보여줬고, 많이 활용된 사례입니다. 최근에 방영된 [스토브리그]에서 백승수 단장은 흔치 않은 리더의 모습을 보여줬습니다. 리더로서 좋은 면과 나쁜 면

이 공존하고 있어요. 아마도 지금은 히딩크 감독에 대한 이야기를 하지 않는 것처럼 [미생]이나 [스토브리그]도 시간이 지나면 언급하지 않게 될 것입니다. 클래식이 변하지 않는 주제라면, 트렌드는 시대에 따라 변하는 콘텐츠입니다.

강의 콘텐츠를 만들 때 가장 큰 도움을 얻을 수 있는 방법이 독서입니다. 클래식과 트렌드에 대한 개념 덕분에 독서를 효율적으로 할 수 있습니다. 본인이 지금 클래식을 공부해야 하는 상황인지, 트렌드를 파악해야 하는 상황인지 인식한다면 어떤 책을 골라서 읽어야 하는지 알 수 있습니다. 책의 제목이나 목차를 살펴보면 클래식에 대한 책과 트렌드에 대한 책을 구분할 수 있죠. 서점에서 한 가지 분야의 책을 살펴보면 확실히 알 수 있습니다.

클래식이 확고해서 트렌드가 의미가 없는 강의 주제가 있습니다. MBTI나 에니어그램 같은 성격 유형이나 법정의무교육에 해당하는 개인정보 보호, 성희롱 예방 교육이 그렇습니다. 전해야 하는 내용이 정해져 있는 주제입니다. 이럴 땐 클래식을 확실하게 공부하고 어떻게 전달하면 좋을지를 고민해야 합니다. 기존 강의 콘텐츠에 자기 색깔을 덧입히는 작업을 해야 하죠. 이건 3장에서 도움을 받을 수 있을 것입니다.

학습자들이 요구하고 필요로 하는 강의는 다양합니다. 그렇지만 어떤 강의라도 기존에 존재하지 않는 경우는 드뭅니다. 클래식이 있습니다. 경영학과 심리학을 기반으로 합니다. 강의 콘텐츠를 만들어야 하는데 처음이 막막하다면 클래식부터 찾아서 공부하는 것을 추천합니다. 배경지식을 갖추고 시작할 필요가 있습니다. 책을 찾아

읽을 때도 이를 고려해서 봐야 합니다. 기본적인 내용을 알았다면 트렌드를 생각할 수 있습니다. 어떻게 하면 클래식을 알기 쉽게 강의할 수 있을지를 생각하는 것입니다. 이렇게 만들기까지 상당한 시간과 노력이 필요하지만 긴 호흡으로 하나씩 하면 됩니다.

연 습 하 기

세상에는 다양한 강의 주제가 있습니다. 그리고 자기만의 콘텐츠로 강의할 수 있는 시대입니다. 그래서 강사 세계에 대한 진입 장벽이 낮은지도 모르겠습니다. 아직 나만의 강의 주제와 콘텐츠를 찾지 못했다면 아래 목록에서 한번 골라보세요. 혹시 목록에 없다면 나만의 강의 주제를 빈칸에 적어보세요. 어떤 주제든 좋습니다. 강의 콘텐츠 만들기는 주제를 정하는 것부터 시작입니다.

리더십 (단체장, 관리자)	커뮤니케이션 소통, 대인관계	서비스 (고객 만족, 서비스 디자인)	심리학 (긍정, 행복, 감정)	조직문화, 팀빌딩 (인도어, 아웃도어)
전략, 기획	부모, 부부, 자녀	퍼실리테이션	직장 예절 직업 윤리	법정의무교육 (성희롱 예방, 개인정보 보호)
갈등관리	진로, 취업 (자소서, 면접)	영상 촬영, 편집 (유튜브)	스마트워크, 생산성, 업무	셀프리더십 시간 관리
생애 설계	자기 계발 동기부여	성격 (MBTI, 에니어그램)	교수법 강의력	4차 산업 (빅데이터, 3D프린터, 인공지능)
인문학 (영화, 미술, 역사)	세일즈 협상	스피치 보이스	시민의식 민주주의	창업 마케팅
나만의 강의 주제는?				

강의 주제는 가능하면 구체적으로 생각해야 합니다. 예를 들어 셀프리더십 강의를 의뢰 받았다고 해보죠. 이 경우 셀프리더십 콘텐츠를 무엇으로 할지가 막연합니다. 셀프리더십은 다른 많은 개념들을 포함하기 때문이죠. 목표 관리, 동기부여, 시간 관리, 습관, 강점, 성장 마인드셋 등이 있습니다. 그래서 셀프리더십의 경우에는 세부 주제를 한 번 더 생각해야 합니다. 리더십이나 커뮤니케이션도 마찬가지입니다. 가능한 구체적인 주제를 정해야 강의 콘텐츠를 만들 수 있습니다.

2. 메시지가 중요합니다

주제는 정하셨나요? 다음에 할 일은 메시지를 작성하는 것입니다. 강사가 하고 싶은 말, 설득하고 싶은 말, 주장하고 싶은 말이 메시지입니다. 메시지는 강의 전체를 아우르기 때문에 가장 중요하다고 볼 수 있습니다. 강의의 목적과 방향을 알려주고 목표가 무엇인지 제시하죠. 명확한 메시지는 어떤 내용의 강의인지, 앞으로 어떤 내용이 전개될지 알려줍니다. 학습자는 메시지를 듣고 이해합니다. 강의가 끝나면 학습자가 기억하는 건 메시지입니다. 심장을 꿰뚫는 한마디인 거죠. 탁월한 강의는 학습자가 강사의 메시지에 얼마나 공감하는지에 달려 있습니다.

잘못된 메시지는 큰 문제를 일으킵니다. 메시지에는 강사의 신념과 생각이 담겨 있는데 공감할 수 없는 메시지로 강의하는 경우가 있습니다. 몇 해 전, 어느 단체에서 강사를 초빙해 성희롱 예방 강의를 진행했던 일이 있었습니다. 그리고 이 강의 영상을 유튜브에 올렸는데, 강의 내용이 문제가 되어 논란이 생겼습니다. '성희롱을 당했다면 참는 게 미덕이다. 일하다 보면 그런 일은 흔히 일어나는 일이다'라는 메시지의 강의였던 것이죠. 대상에 맞춰서 메시지를 말한 것인지, 정말 강사의 평소 생각이었는지는 알 수 없습니다. 논란이

상당히 컸고, 영상은 신속하게 삭제됐습니다. 또 대학의 어느 교수가 수업 중에 "위안부는 매춘"이라는 말을 해서 논란이 있었던 경우도 있습니다. 이처럼 보편적으로 이해할 수 없고, 상식적으로 말하면 안 되는 메시지가 있습니다. 생각은 자유니까 어쩔 수 없더라도 실제로 발언하는 건 상당히 문제가 있죠.

그런데 조금 다른 경우도 있습니다. 시대에 따라 달라지는 사람들의 인식과 가치관 때문에 생기는 경우입니다. 그때는 맞았는데 지금은 틀린 메시지가 되는 경우입니다. 제가 처음 강의를 시작했을 때 자주 언급했던 사례는 김연아, 유재석, 오프라 윈프리, 스티브 잡스같은 뛰어난 성과를 거뒀던 사람들에 대한 이야기였습니다. 특히 진로나 자기 계발 주제에서는 빠지지 않고 등장했습니다. 성공을 성취한 사람들이 어떤 마음가짐으로 어떻게 살아왔는지, 어떤 역량을 개발하고 노력했는지에 대한 내용이었습니다.

그런데 최근 몇 년 사이에 달라졌습니다. 성공한 사람들에 대한 이야기가 좋은 동기부여가 되는 것이 아니라 오히려 거부감을 일으킨다는 사실입니다. 자극이 될 만한 좋은 스토리를 가진 사람들이 있지만 성공 스토리를 사례로 쓰는 경우가 줄어들었습니다. 너무 많이 접하고 자주 들어서 그런 것일까요? 지금도 여전히 배울 점이 많고 본받을 점이 있는 사람들은 많이 있습니다. 문제는 성공 스토리를 듣는 학습자들의 인식이 변했다는 점입니다.

하상욱 시인은 "성공한 사람들은 성공한 후에 포장되어 평범한 사람들을 망친다"라고 말했습니다. 이전과는 다른 메시지인 거죠. 성공한 사람들을 좇아 따라갔던 많은 이들은 이제 그들과 자신을 별개로 구분합니다. 그들과 본인을 동일한 환경과 배경에 놓여 있는 것처럼 말하는 것에 불편함을 느낍니다. 학습자는 자신의 역량과 현재 처해 있는 상황을 객관적으로 바라보고 판단하려고 합니다. 빌 게이츠가 대학교를 중퇴하고 자신의 집 차고에서 컴퓨터 2대로 굴지의 기업 마이크로소프트를 창업했다는 멋진 도전과 성공 이야기를 들은 적이 있으신가요? 누구나 성공을 꿈꾸던 시절에는 도전의식을 불러일으키는 스토리였지만 지금의 학습자들은 자신의 집에 차고가 없다는 사실을 먼저 떠올립니다.

매년 각 출판사에서는 분야별로 가장 많이 팔린 올해의 책을 선정합니다. 출판사 YES24에서는 그중에서 1권으로 특별히 고릅니다. 사람들이 한 해 동안 가장 많이 구매한 책이죠. 올해의 책을 살펴보면 사람들의 생각이나 시대상이 어떻게 변했는지를 엿볼 수 있습니다. 이를 통해 메시지를 생각할 때 도움을 받을 수 있습니다.

2007년 올해의 책은 [시크릿]입니다. 꿈을 생각하고 적고 되뇌면 온 우주가 나서서 도와준다는 내용입니다. 지금은 허무맹랑한 소리라고 할지도 모르겠습니다. 과학적인 근거가 부족한 이야기입니다. 하지만 그 시절에는 많은 사람들이 믿고 따랐던 메시지였습니다. 관련 다큐멘터리도 방영되었고, 비슷한 메시지의 책들도 많이 출간되어 크게 유행했습니다.

[시크릿]의 메시지가 지속되었다면 좋았겠지만 그렇지 않았습니다. 시간이 흐르고 사람들이 원하는 메시지가 달라졌음을 알 수 있습니다. 2012년 올해의 책은 혜민 스님의 [비로소 멈추면 보이는 것들]입니다. 온 우주가 도와줘서 바라는 대로 다 이뤄졌으면 좋았겠지만 현실은 그렇지 않았던 것이죠. 스스로를 채찍질하고 고생을 참아가며 살았는데 여전히 제자리걸음이거나 오히려 퇴보하는 경우가

대부분입니다. 대다수가 바라는 성공은 소수의 몇몇 사람들에게만 허락된 축복이었던 것입니다. 실망하고 좌절한 사람들이 찾은 메시지가 바로 '힐링'입니다. 고생했다, 수고가 많다, 잘하고 있다는 마음을 따뜻하게 어루만져 주는 말 한마디가 필요했던 것입니다. 힐링, 긍정, 웃음, 위로, 리마인드, 리프레시 등 지금도 유효하지만 그때는 대부분의 사람들에게 더욱 강력한 공감을 불러일으킨 메시지입니다.

힐링과 긍정의 메시지가 계속됐나요? 그렇지 않습니다. 사람들은 힐링과 긍정이 순간의 위로이며 충분하지 않다고 느꼈습니다. 교육이 이벤트나 레크리에이션처럼 일회성으로 끝나면 안 된다는 걸 깨달았습니다. 삶을 실제로 변화시키길 원했던 것이죠. 힐링과 긍정 다음으로 화두가 된 것은 인문학, 심리학입니다. 2015년 올해의 책 [미움 받을 용기]가 등장했습니다. 이 책의 핵심 메시지는 스스로가 주체적인 존재가 되어야 한다는 것입니다. 타인의 시선과 처한 환경에 대해서 용기를 가지고 열등감을 극복하여 자신을 소중하게 대해야 한다는 메시지입니다. 소극적이라고 볼 수 있는 힐링, 긍정에서 적극적인 행동과 마음가짐으로의 변화가 나타난 것입니다. 과학적인 기반을 가진 메시지로 진화했습니다. 이 메시지는 조금씩 변형되어 지금까지 이어져 오고 있습니다. 거의 대부분의 심리학, 자기 계발서, 에세이에서 찾아볼 수 있죠.

올해의 책 이야기를 하나만 더 하고 마무리하겠습니다. 2016년 올해의 책은 [설민석의 조선왕조실록]입니다. 심리학에 이어서 사람들은 역사에 대한 관심이 커졌고, 인문학에 대한 열망이 커졌음을 알 수 있습니다. 역사 이야기는 사람들의 지적 즐거움을 더해주고 삶의 지혜를 배울 수 있는 콘텐츠입니다. 2017년 올해의 책은 [82년

생 김지영]입니다. [미움 받을 용기]에서 시작된 용기에 대한 메시지가 이어진 거라고 생각합니다. 적극적으로 불합리한 환경과 자신의 권리에 대해 인식하고 행동하기 시작했습니다. 자기에 대한 긍정적인 인식과 주체적인 자아를 강조하는 메시지가 퍼졌습니다. 지금은 긍정적인 면과 부정적인 면이 뒤섞여 혼란스럽지만 점점 발전하고 있다고 생각합니다.

[82년생 김지영] 덕분에 강의 콘텐츠를 만들 때 남자와 여자에 대한 차별이나 논쟁의 여지가 될 요소가 있지 않은지 살펴봅니다. 말한마디, 단어 하나가 오해를 불러일으킬 수 있기 때문입니다. 저는 성격 강의 콘텐츠를 수정했습니다. 예전에는 성격 유형의 사례로 남자만 소개했는데, 여자도 함께 소개하는 것으로 바꿨습니다. 사소한 부분이지만 미리 주의를 기울인다면 더 나은 강의 콘텐츠를 만들 수 있습니다.

간접적으로나마 책을 통해 사람들이 원하는 메시지가 무엇인지 살펴봤습니다. 지금까지 메시지가 어떻게 변해왔고 앞으로 어떻게 변해갈지를 예상할 수 있습니다. 메시지를 생각하는 것은 학습자를 생각하는 것과 같습니다. 강사가 강의 콘텐츠를 만들 때 본인의 경험과 배경지식에 의존할 수밖에 없습니다. 그러다 보면 학습자가 원하는 것과 필요로 하는 것을 놓칠 수 있습니다. 메시지를 생각하는 것은 강사 본인이 스스로에게 질문을 던지는 과정입니다. 강의 콘텐츠가 도움이 되는가? 현실적이고 이해하기 쉬운가? 공감이 되는 콘텐츠인가? 이렇게 질문하고 답하기 위해서 강사는 메시지에 민감해야 합니다.

지금은 [시크릿]의 메시지로 강의할 수 없습니다. 간절히 원하기만 한다고 모든 걸 이룰 수 있는 세상이 아닙니다. 단순한 힐링이나 긍정에 대한 메시지도 수명이 길게 남지 않았다고 생각합니다. 리더십 강의 때 히딩크 감독이나 스티브 잡스를 사례로 든다면 강사의 전문성이나 신뢰도가 떨어질 것입니다. 그때는 맞았지만 지금은 틀렸을 수 있습니다. 본인의 메시지를 진리라고 포장해서 학습자에게 전하는 건 위험합니다. 학습자는 대뜸 "됐고, 그건 당신의 경우지, 나는 당신과 달라", "이 강사는 전혀 과학적이지 않고 신빙성 없는 말을 하네"라고 생각할 수 있습니다. 학습자의 인식과 정서가 달라지는 만큼 강사는 메시지를 점검하고 발전시켜야 합니다. 학습자에게 현실적으로 도움이 되고 필요한 콘텐츠인지 생각하는 것과 시대의 흐름과 가치를 읽으려고 노력해야 합니다. 생각해보세요. 내일 강의의 메시지는 무엇인가요?

3. 메시지를 만드는 핵심 단어

　메시지가 중요하다는 걸 말했습니다. 이제 메시지를 만들어보죠. 메시지를 만들려면 핵심 단어가 필요합니다. 핵심 단어는 강의 주제와 관련된 구체적인 단어입니다. 학습자를 설득하거나 학습자가 강의를 통해 꼭 배워야 하는 콘텐츠라고 볼 수 있습니다. 예를 들어 리더십 강의 콘텐츠를 만든다고 할 때 리더들이 알거나 배워야 하는 역량을 생각해봅니다. 여기서 핵심 단어는 역량을 의미하는 것이라고 할 수 있습니다. 구체적인 단어를 떠올리면 좋습니다. 저는 '영향력'과 '신뢰'를 생각했습니다. 핵심 단어를 정했다면 '리더는 영향력을 가져야 한다'라는 메시지를 만들 수 있습니다. 혹은 '신뢰 받는 리더가 되자'라고 말할 수 있습니다. 이렇게 핵심 단어로부터 메시지를 만들 수 있습니다.

　핵심 단어를 떠올리기 위해서는 주제에 대한 배경지식이 필요합니다. 주제와 관련된 가장 중요한 단어가 무엇인지 찾거나 생각하고, 학습자에게 정말 필요한 단어가 무엇인지를 생각합니다. 스스로 브레인스토밍 하는 것도 도움이 됩니다. 이렇게 단어를 생각하고 고르기 위해서 배경지식이 필요합니다. 개념을 모르고 연결하지 못하는 단어를 떠올릴 수 없기 때문입니다. 배경지식을 쌓는 것에 대한 이야기는 2장에서 이어갑니다. 학습자에 대한 정보를 파악하거나 교육

담당자와 소통하면서 찾을 수도 있습니다. 단어 하나로 그치지 말고 몇 개의 후보 단어를 생각한 뒤 강의 콘텐츠를 만들면서 정리하면 수월합니다.

핵심 단어를 효과적으로 찾으려면 어휘력이 좋아야 합니다. 알고 있는 단어가 많을수록 고르기가 쉽겠죠. 그리고 핵심 단어를 설명할 수 있는 배경지식, 콘텐츠가 풍부할수록 쉽습니다. 개념을 잘 알고 있고, 설명하는 데 도움이 될 사례를 많이 알고 있을수록 이후에 강의 콘텐츠를 만들 때 편합니다. 여러모로 핵심 단어가 정말 중요합니다. 어떤 핵심 단어를 사용하느냐에 따라 강의 콘텐츠가 달라집니다. 주제에 따라 보편적으로 사용하는 핵심 단어가 있지만 새로운 내용으로 강의 콘텐츠를 만들고 싶다면 의외의 단어를 선택하면 됩니다.

리더십, 자기 성장, 인간관계 주제에서 고를 수 있는 핵심 단어를 나열했습니다. 이를 살펴보면 주제가 동일하더라도 핵심 단어가 다르면 전체 강의가 달라질 거라는 걸 예상할 수 있습니다. 어떤 핵심 단어를 고르냐가 강사의 배경지식이나 전문성을 보여줍니다.

▶ **리더십 핵심 단어**
(1) 동기부여 (2) 마음가짐 (3) 문제 해결 (4) 비전 (5) 사명
(6) 성과 (7) 스타일 (8) 신뢰 (9) 영향력 (10) 위임 (11) 존중
(12) 지시 (13) 지원 (14) 카리스마 (15) 커뮤니케이션
(16) 코칭 (17) 팀 (18) 피드백 (19) 행동 (20) 회의기법

▶ **자기 성장 핵심 단어**
(1) 가치관 (2) 감정 (3) 강점 (4) 경험 (5) 긍정 (6) 꿈
(7) 노력 (8) 목표 (9) 몰입 (10) 배움 (11) 생각 (12) 성격
(13) 성장 (14) 습관 (15) 시간관리 (16) 자존감

(17) 정리정돈　(18) 진로　(19) 프레임　(20) 행복

▶ **인간관계 핵심 단어**

(1) 감사　(2) 경청　(3) 공감　(4) 공유　(5) 대화　(6) 마음
(7) 배려　(8) 비언어　(9) 사랑　(10) 선행　(11) 설득　(12) 소통
(13) 양보　(14) 우정　(15) 위로　(16) 이해　(17) 친절　(18) 토론
(19) 협력　(20) 화해

핵심 단어를 골랐다면 단어가 내포하는 뜻이나 정의를 살펴봐야 합니다. 예를 들어 '소통'을 살펴보겠습니다. 소통의 정의를 네이버 지식백과에서 찾으면 ① 막히지 아니하고 잘 통함 ② 뜻이 서로 통하여 오해가 없음이라고 나와 있습니다. 사전적 정의입니다. '막히지 아니하고 잘 통함'이라고 소통을 정의하고 강의 콘텐츠를 만들 수 있습니다. 첫 번째는 막혔다는 것이 어떤 상태인지 보여주는 내용으로 만들 수 있을 겁니다. 두 번째는 막히지 않고 잘 통하는 사례와 이유를 제시할 수 있습니다. 세 번째는 잘 통하는 소통이 될 수 있도록 방법을 적용하는 참여로 강의 콘텐츠를 구성할 수 있습니다. 이렇게 핵심 단어의 정의를 살펴보면 강의 내용을 어느 정도 예측하고 준비할 수 있습니다.

이번에는 ①번 정의가 아니라 ②번 정의를 활용해보겠습니다. 소통을 '뜻이 서로 통하여 오해가 없음'이라고 정의한다면 강의 콘텐츠가 달라집니다. 먼저 뜻이 서로 통한다는 것이 어떤 상태인지 설명하거나 보여줘야 하고, 오해가 생기지 않으려면 무엇이 필요한지 알려줘야 합니다. 오해가 말하는 사람과 듣는 사람의 차이에서 생길 수 있고, 고정관념, 선입견, 편견에서 비롯할 수도 있습니다. 이를 어떻게 해소하고 제거해야 하는지 알려줘야 하겠죠. 핵심 단어로 '소

통'을 골랐지만 사실 '오해'가 핵심 단어로 작동하는 중입니다. 이렇게 핵심 단어의 정의를 살펴보면 더 구체적으로 다뤄야 하는 핵심 단어가 등장하기도 합니다.

위와 같이 사전적 정의를 활용하지 않아도 괜찮습니다. 이미 정해져 있는 정의가 아니라 스스로 고민하고 생각해서 새로운 의미를 부여한 정의를 활용하는 방법도 있습니다. 저는 이 방법을 '재해석'이라고 부릅니다. 재해석은 하고 싶은 말과 중요한 요소를 강사 본인의 생각으로 표현하는 방법입니다. 그래서 재해석으로 만들어진 메시지는 강사의 색깔과 철학이 드러나는 맞춤옷입니다. 정답이냐 아니냐의 관점으로 접근하는 것이 아니라 설득력이 있는지 없는지를 확인합니다. 나는 이렇게 생각하는데 학습자의 생각은 어떤지, 나는 이 방법이 효과적이고 도움이 될 거라고 생각하는데 학습자가 한번 해보면 좋지 않을까 제안하는 강의 콘텐츠를 만들 수 있습니다.

핵심 단어를 찾았다면 다음은 문장을 작성하는 것입니다. 핵심 단어가 명사라면 동사를 붙이는 것입니다. 동사를 통해 핵심 단어를 어떻게 학습하고 활용할지 알 수 있습니다. 핵심 단어가 여러 개라면 동사도 여러 개일 수 있습니다. 다음은 핵심 단어와 동사를 조합해서 만든 강의 메시지 사례입니다.

▶ **리더십:** "내 사람으로 만드는 방법을 배우자"
▶ **소통:** "상대방의 감정과 원하는 것을 탐색하고 알아주자"
▶ **동기부여:** "스스로 성취 동기를 가지자"
▶ **셀프리더십:** "자신을 소중히 여기는 마음을 가지고 성장하기 위해 노력하자"
▶ **강점:** "목적을 달성하기 위한 나만의 무기를 개발하자"

▶ **부모:** "완벽한 부모가 아니라 자녀에게 좋은 부모가 되자"

리더십 강의에서 '영향력'을 핵심 단어로 정했습니다. 영향력의 사전적 정의는 '어떤 사물의 효과나 작용이 다른 것에 미치는 힘'입니다. 리더에게 있어 영향력은 구성원이 리더의 의도를 반영하게 만드는 힘이라고 볼 수 있습니다. 이를 쉽게 말하면 구성원을 내 사람으로 만드는 힘이나 방법입니다. 다시 수정해서 "내 사람으로 만드는 방법을 배우자"라고 완성했습니다. 리더의 영향력을 재해석한 결과입니다.

제가 만든 메시지에서 '내 사람', '방법', '상대방의 감정', '원하는 것', '스스로', '성취 동기', '소중히 여기는 마음', '성장', '노력', '목적', '달성', '나만의 무기', '개발', '완벽한', '자녀에게 좋은'이 핵심 단어입니다. 핵심 단어는 배우고 깨닫는 강의 콘텐츠입니다. 어려운 단어일 필요는 없습니다. 오히려 누구나 알고 이해가 쉬운 단어가 더 낫습니다. '배우자', '알아주자', '가지자', '노력하자', '개발하자', '되자'는 동사입니다. 동사는 행동하고 실천하는 강의 콘텐츠입니다.

메시지를 보고 어떤 강의 내용이 전개될지 예상이 되시나요? 좋은 메시지는 어려운 단어가 잔뜩 들어간 문장이 아니라 이해하기 쉽고 알기 쉬운 단어로 표현된 말입니다. 길게 늘려 써도 되고, 꼭 한 문장일 필요도 없습니다. 전달하고자 하는 내용을 명확하게 표현하면 됩니다. 메시지를 만드는 일이 익숙하지 않아서 어려울 수 있습니다. 저도 여전히 어렵습니다. 분명한 건 메시지만 제대로 만들면 강의 콘텐츠를 만드는 작업이 5부 능선을 넘었다는 뜻입니다.

연 습 하 기

　뻔한 핵심 단어를 색다르게 해석해서 활용할 수 있습니다. 다양한 배경지식이 많을수록 가능합니다. 아니면 특이한 핵심 단어를 활용해서 강의 콘텐츠를 만들 수도 있습니다. 어휘력이 뛰어날수록 가능한 방법입니다. 가끔은 단어가 전혀 떠오르지 않는 경우도 있습니다. 이 경우를 위해 단어 목록을 제시합니다. 힌트를 얻을 수 있지 않을까요? 아니어도 단어를 많이 알고 있으면 도움이 됩니다. 단어를 봤을 때 연상되는 것들이 많다면 강의 콘텐츠를 만들 때 유리합니다. 핵심 단어로 고르세요.

가치	감동	감사	감정	개발	건강함	게으름	결정	겸손	경청
경험	고통	공부	공통점	관계	관심	권력	권한	근면	기록
기분	기술	기억	기회	까칠함	꿈	노력	느림	도전	돈
동기	동의	듣기	따뜻함	마음	말투	말하기	무기	무리	문제
발견	발전	배려	배움	변화	봉사	빠름	사람	사랑	새로움
생각	선물	선택	설득	성격	성공	성과	성숙	성실	성장

성취	세상	센스	습관	승리	시간	시작	신념	신뢰	실천
쓰기	안전	안정	에너지	열쇠	열정	예의	오늘	완벽함	요약
용기	우리	우아함	운	운동	위로	위임	유행	자신감	자유
자율	자존감	잡담	재능	저항	절제	정리	정석	제어	존중
좌절	중독	지금	지속	지식	지혜	차이	책임감	처음	최선
취미	취향	치유	친구	침묵	칭찬	태도	편안함	편집	평등
포기	행동	행복	행운	헌신	회복	회피	효과	효율	휴식
그 외 생각나는 단어가 있다면?									

핵심 단어를 골랐다면 의미를 생각해야 합니다. 본인이 생각하는 정의죠. 왜 이 단어가 중요한지, 이 단어가 무엇인지, 어떻게 배울 수 있는지 등 다양한 질문을 하면서 핵심 단어를 구체적으로 표현합니다.

바로 명확하게 떠오르지 않습니다. 천천히 생각하고, 공부하면서 정리해가면 됩니다. 핵심 단어를 구체적으로 표현하는 것 자체가 강의 콘텐츠를 만드는 작업입니다. 구체화의 결과물이 모두 강의 콘텐츠로 쓰일 수 있습니다.

4. 핵심 단어를 찾는 방법

핵심 단어가 떠오르지 않는다면 다른 곳에서 찾을 수 있습니다. 제가 네이버 지식백과에서 정의를 찾은 것처럼 책이나 논문 등에서 누군가의 핵심 단어를 참고할 수 있습니다. 리더십의 경우 수많은 학자들이 600가지 이상의 리더십 정의를 말했습니다. 여기서 핵심 단어와 동사를 찾습니다. 그대로 메시지로 활용할 수도 있고, 재해석하여 활용할 수도 있습니다.

▶ 리더십이란 공유된 목적을 위해 집단의 활동을 안내하는 개인의 행동이다. (Hamphil & Coon, 1957)
　핵심 단어: 공유된 목적, 활동 안내, 개인의 행동

▶ 리더십이란 목표 성취를 위해 조직화된 집단의 활동들에 영향을 미치는 과정이다. (Rauch & Behling, 1984)
　핵심 단어: 목표 성취, 집단 활동, 영향

▶ 리더십이란 집단적인 노력에 대해 목적(의미 있는 방향)을 부여하고, 목적을 성취하기 위한 노력을 확장시키는 과정이다. (Jacobs & Jaques. 1990)
　핵심 단어: 집단적인 노력, 목적(의미 있는 방향), 노력의 확장

▶ 리더십은 사람들을 서로 묶어낼 수 있도록 의미를 만듦으로써 이를 이해하고 몰입하게 하는 과정이다. (Drath & Palus, 1994)
핵심 단어: 묶어낼 수 있는 의미, 이해, 몰입

▶ 리더십은 비전을 만들고, 가치를 부여하며, 무언가를 성취할 수 있도록 환경을 조성하는 것이다. (Richards & Engle, 1986)
핵심 단어: 비전, 가치, 환경 조성

이와 같이 이미 정리된 정의를 참고할 수 있습니다. 어떤 핵심 단어가 있는지 확인할 수 있죠. 앞서 말했듯이 핵심 단어를 많이 알수록 다양한 관점으로 접근할 수 있습니다. 어떤 핵심 단어를 사용했고, 정의나 의미를 찾아보고 본인의 생각으로 다시 정리합니다. 막연했던 머릿속을 정리하는 핵심 단어를 찾으면 함성을 지르고 싶을 정도입니다.

핵심 단어를 찾는 마지막 방법은 카피입니다. 이론에서 찾는 것과 일맥상통하지만 좀 더 노골적인 방법입니다. 하늘 아래 새로운 것은 없다는 말을 교훈 삼아 누군가의 메시지를 참고합니다. 대부분의 주제는 이미 누군가가 어디에서 말했습니다. 다른 강사의 강의를 들을 때 메시지를 주의해서 듣습니다. 효율적이고 효과적으로 도움 받을 수 있는 방법입니다. 메시지를 만드는 첫 시작은 다른 사람으로부터지만 차츰 본인의 색깔로 덧씌웁니다.

세상을 바꾸는 시간 15분에 출연한 양창순 원장님은 "건강한 까칠함으로 대인관계에 성공하기"라는 제목으로 강의했습니다. '건강한 까칠함'이라는 단어를 활용해서 대인관계 강의를 풀어가는 것이 인상적이었습니다. 나는 건강한 까칠함을 활용해서 어떻게 대인관계 강의를 할 수 있을까요? 다른 사람의 강의를 듣고 그대로 활용하는 것이 아니라 자기 생각으로 재해석해서 활용합니다. 나라면 이 메시지를 어떻게 말할까? 어떤 사례로 설명할까? 스스로에게 물어봅니다.

핵심 단어를 생각하다 보면 꼬리에 꼬리를 물고 단어가 이어질 수 있습니다. 정말 깊숙이 숨겨져 있는 핵심 단어를 찾아가는 과정일 수 있지만 의미 없는 연상작용일 수 있습니다. 직감을 발휘해서 멈추고 붙잡아야 합니다. 노하우가 쌓이는 순간이겠죠. 결국엔 가지고 있는 배경지식에서 대부분 결정됩니다. 당장 공부해서 강의를 한다는 건 어려운 일이죠. 핵심 단어를 생각하면 평소에 꾸준히 공부해서 배경지식을 넓힐 필요가 있다는 사실을 새삼 깨닫습니다.

메시지를 만들었나요? 메시지는 주장해서 설득하고 싶은 말입니다. 학습자를 성공적으로 설득하려면 근거가 필요하죠. 바로 이론, 사례, 참여 콘텐츠입니다. 같은 메시지라도 콘텐츠가 어떠냐에 따라 성공 확률이 다릅니다. 콘텐츠에 대한 이야기를 다음 장에서 이어가 겠습니다.

2장

탄탄한 강의를 위해 이론부터 공부하자

1. 3가지 강의 콘텐츠

강의 콘텐츠는 이론, 사례, 참여의 세 가지 종류가 있습니다. 강의 콘텐츠를 만드는 방법은 이 세 가지를 만들어서 적절하게 배치하고 조합하는 것입니다. 시작은 이론입니다. 이론을 공부하면 사례와 참여를 어느 정도 알 수 있기 때문입니다. 우선 각각의 콘텐츠가 가진 특징을 이해하고 찾아서 활용하는 방법을 알아보겠습니다.

(1) 이론

이론은 강의 주제에 대한 배경지식을 말합니다. 거의 대부분의 강의 주제는 경영학과 심리학을 바탕으로 합니다. 하나의 주제라도 여러 연구자에 의해 다양한 이론이 정립되어 있습니다. 리더십만 하더라도 600개가 넘는 정의와 연구가 있습니다. 주제를 정할 때 구체적으로 정해야 한다고 했는데 특정 이론을 선택하는 것과 동일한 의미입니다. 어떤 이론을 선택하느냐에 따라 메시지가 달라지고 내용도 달라집니다.

이론은 학습자가 "하나 배웠어"라고 말할 수 있는 콘텐츠입니다. 몰랐던 것을 알고, 잘못된 것을 올바르게 깨닫게 합니다. 강사와 학습자가 이론을 정확히 모르면 잘못된 방향으로 실천하게 됩니다. 최대한 과학적 근거를 가지고 강의 콘텐츠를 만들어야 합니다. 학습자가 참여해서 스스로 배운다고 하더라도 이를 인도하는 강사는 이론을 제대로 알고 있어야 합니다.

강의 자료의 출처가 어디인지 밝힐 필요는 있지만 더 중요한 건 강사의 말에 담겨야 하는 이론입니다. 어떤 내용으로 어떤 말을 하는지 생각해보세요. 이론을 근거로 하는 말인지, 나만의 생각을 말하는 것인지 확인하면 됩니다. 사례를 통해 이론을 전달하는 방법도 있습니다. 사례는 이론을 뒷받침하고 이해하기 쉽게 설명하는 도구입니다. 학습자가 참여를 통해 자연스럽게 깨달을 수도 있습니다. 강사는 학습자가 알게 된 것을 강조하는 것으로 이론을 전달할 수 있습니다. 이론은 사례와 참여에 의미를 부여합니다. 이론이 바탕이 되지 않는 재미만 있는 사례나 즐겁기만 한 참여는 끝나고 남는 게 없습니다.

이론을 알려면 공부를 해야 합니다. 당연하고 단순한 방법입니다. 그래서 강사의 가장 중요한 업무 중 하나가 바로 공부인 것이죠. 책, 논문, 칼럼, 영상, 강의 등 배울 수 있는 수단을 동원하여 공부하는 것 말고는 정답이 없습니다. 다만 시간을 오래 투자하는 것이 아니라 단시간 내에 핵심을 빨리 파악해서 강의 콘텐츠를 만드는 능력을 갖추는 것이 좋습니다. 강의 콘텐츠를 만들기 위한 기술적인 방법은 학문적인 공부가 아니라 필요한 부분만 발췌해서 공부하는 것입니다. 당장 강의가 내일인데 책을 진득하게 읽고 있으면 안 되니까요. 보통 한두 권의 책을 읽으면 핵심을 파악할 수 있습니다. 그러면 다른 책의 목차만 봐도 대강의 내용을 파악할 수 있게 됩니다. 해야 하는 콘텐츠, 하지 않아도 괜찮은 콘텐츠, 할 수 있는 콘텐츠, 할 수 없는 콘텐츠를 구분합니다.

(2) 사례

사례는 이론을 이해하기 쉽게 설명하여 학습자의 흥미를 불러일으키고 강의에 몰입할 수 있도록 돕는 콘텐츠입니다. 이론만 설명하는 강의보다 지루한 강의는 없을 겁니다. 사례가 재미있고 흥미로울수록 학습자는 강의에 몰입합니다. 사례를 얼마나 실감 나고 재미있게 말하느냐가 강의 평가를 결정짓기도 합니다. 강의는 결국 사례 싸움이라고 말할 수도 있습니다. 그래서 강의 콘텐츠를 만들 때 가장 많이 고민하고 시간을 투자하는 부분이 바로 사례입니다.

사례가 단지 재미와 흥미만을 위한 것은 아닙니다. 사례는 강사가 전하고자 하는 메시지와 이론을 뒷받침합니다. 강의는 학습자를 설득하는 과정입니다. 설득을 성공적으로 하기 위해 이론을 공부하고 사례를 찾고 참여를 유도하는 것이죠. 강사의 경험이나 누군가의 이야기는 설득의 근거가 될 수 있습니다. 다양한 비유와 예시가 강의를 흥미롭게 만들면서 설득력도 높여줍니다. 학습자는 어려운 이론보다 피부에 와 닿는 사례를 기억하고 공감하며 반응하기 때문입니다. 공감할 때 설득이 가능합니다.

사례는 먼저 본인의 경험담에서 찾습니다. 강사는 자신이 겪은 일을 가장 실감 나고 재미있게 말할 수 있을 겁니다. 콘텐츠에 힘이 생깁니다. 강사가 경험을 통해 배우는 과정에서 학습자가 자극을 받고 함께 배웁니다. 실패 경험도 좋은 콘텐츠가 될 수 있습니다. 경험은 강사가 준비할 수 있는 강력한 콘텐츠입니다.

하지만 세상에서 일어나는 모든 일을 강사가 경험할 수 없습니다. 그래서 접할 수 있는 다양한 분야의 콘텐츠를 살펴봅니다. 책, 영화, 만화, 드라마, 역사, 미술 등 교육 시사점이 있는 다양한 콘텐츠가 있습니다. 본인이 평소에 관심을 가지고 좋아하는 분야, 사람들이 관심을 가지고 좋아할 만한 분야의 자료를 찾아 강의 콘텐츠를 만듭니다.

(3) 참여

참여는 학습자가 스스로 배우고 강의에 몰입하여 문제를 해결할 수 있도록 유도하는 콘텐츠입니다. 배운 내용을 체득하고 적용하여 강의 효과가 실제로 드러날 수 있도록 합니다. 강의의 완성은 강의 내용을 이해하고 삶에 적용하는 거라고 할 수 있습니다. 핵심은 발전하고 성장하는 변화입니다. 이론과 사례를 통해 강의의 필요성과 적용점을 느끼고 알았다면 실제로 어떻게 자신에게 적용할지 생각하는 과정이 남았습니다.

어떤 참여 방법을 활용할 것인가는 강의 흐름과 내용에 따라 달라집니다. 실습을 설계하여 학습자가 해야 할 행동을 연습하거나, 이론과 사례를 통해 생각할 수 있는 질문(퀴즈)을 던지고 대답하는 방법, 도구를 활용하거나 게임을 하는 방법, 학습자 간의 대화를 통해 서로 배우는 방법이 있습니다. 이론, 사례를 찾기 위해 고민하는 것과는 조금 다른 종류의 고민이 필요합니다.

세 가지 콘텐츠 중 하나라도 부족하면 문제가 발생하기 때문에 모두 중요합니다. 발생하는 문제가 각각 다릅니다. 혹시 강의 콘텐츠에 문제가 있는지 다음을 살펴보세요.

이론이 부족하면 강의에 대한 신뢰가 떨어집니다. 출처가 분명하지 않고, 과학적인 근거가 부족하면 학습자는 콘텐츠를 믿기 어렵습니다. 강사 자신의 경험과 생각만으로 강의하는 것은 위험합니다. 특별한 경우를 일반화해서 강의하는 것은 학습자를 속이는 행위라고 볼 수 있습니다.

사례가 부족하면 메시지의 공감력이 떨어지고 설득력이 낮아집니다. 강의는 결국 학습자를 설득하는 작업입니다. 사례는 학습자가 자극을 받고 동기를 얻을 수 있도록 만드는 도구입니다. 강의를 부드럽고 말랑말랑하게 만들어주는 역할도 합니다. 학습자가 이론을 쉽게 이해하여 강의 내용에 몰입할 수 있도록 하는 역할을 사례가 감당합니다.

마지막으로 참여 없이 이론과 사례만 전달하는 강의는 학습자가 배운 것을 적용하는 데 어려움을 느낍니다. 이런 경우 학습자가 강의 내내 집중해서 듣는 것은 불가능합니다. 당연히 강의 성과가 떨어질 수밖에 없습니다. 배운 내용을 오래 기억하지도 못하고 실제로 실천하기도 어렵습니다. 강의 성과를 높이고 실제 변화를 만들기 위해서는 참여 콘텐츠가 필수입니다.

문제를 파악했다면 해결할 수 있습니다. 강의 콘텐츠를 만드는 작업은 문제를 해결하는 작업이라고 볼 수 있습니다. 현재 가지고 있는 콘텐츠를 파악하고 어떤 콘텐츠가 부족하며 앞으로 어떻게 보완할지를 생각하는 것입니다.

이론, 사례, 참여에 대해 간략하게 설명했습니다. 세 가지가 강의 콘텐츠의 전부라고 할 수 있습니다. 각 콘텐츠의 분량을 배분하여 강의 내용을 구성하는 것은 강의 목적과 목표, 주제, 메시지, 학습자에 따라 달라집니다. 이론이 중심이 되어 정확한 정보 전달 목적의 강의가 필요한 경우가 있고, 사례와 참여 중심의 강의를 준비해야 하는 경우도 있습니다. 따라서 이론, 사례, 참여 콘텐츠 모두 미리 만들어서 강의 의뢰에 대비해야 합니다.

연 습 하 기

지금 하고 있는 강의 콘텐츠를 펼쳐볼까요? 이론, 사례, 참여로 구분해서 작성해보세요. 어느 콘텐츠가 많고 적은지 파악하면 무엇을 더 준비해야 하는지 알 수 있습니다. 처음 강의 콘텐츠를 만들어야 한다면 최대한 많을수록 좋습니다. 질보다 양입니다. 좋고 나쁨을 생각하지 말고 자유롭게 떠오르는 대로 기록하세요.

콘텐츠	내용
이론	
사례	

참여	

    이후의 강의 콘텐츠 만들기는 위 칸을 채우는 방법과 채울 수 있는 사례를 소개합니다. 목표는 동일한 학습자에게 같은 주제로 두 번 할 수 있을 정도의 분량을 만드는 것입니다. 2시간 강의라면 4시간 분량을 만드는 것이죠. 그럼 자료는 얼마나 있어야 할까요? 상상만 해도 머리가 어질어질하네요. 괜찮습니다. 조금씩 하면 됩니다.

2. 책으로 이론 공부하기

    독서는 이론을 공부하는 대표적인 방법입니다. 독서를 통해 아는 것이 많아지고 미처 생각지 못했던 것들을 생각하고 볼 수 있게 됩니다. 그러면 자연스럽게 강의 콘텐츠에 힘이 생깁니다. 전문성을 갖추게 되고 설득력이 생기는 것이지요. 훌륭한 요리를 만들려면 먼저 좋은 재료를 준비해야 합니다.

    저는 강의 콘텐츠를 만들기 위해 책을 읽을 때 4가지 유형으로 구분합니다. 책에 담긴 지식과 정보, 작가의 의도에 따라 골라서 봅니다. 그러면 강의 콘텐츠를 만드는 시간을 단축시킬 수 있습니다. 경영, 심리, 자기 계발서 분야의 책만 해당되는 기술입니다. 역사나 미술 같은 인문학 분야의 책은 해당하지 않습니다.

    책을 4가지 유형으로 구분하면 생각형, 분석형, 경험형, 연구형으로 나눌 수 있습니다. 어떤 책이든 4가지 유형이 섞여 있기 때문에 정확하게 구분되는 것은 아니지만 작가가 어떤 콘텐츠를 핵심으로 다루느냐를 파악할 수 있습니다.

    생각형 책은 작가의 생각이 주요 콘텐츠입니다. 예를 들면 박웅현 님의 [여덟 단어]가 그렇습니다. 작가의 경험이나 자료가 있지만 작가의 생각으로 얻은 통찰이 중심 내용입니다. 그래서 생각형 책을 살펴보면 왜? 무엇을? 어떻게? 같은 작가의 질문과 답변이 실려 있습니다. 생각형 책을 읽으면 정리되지 않았던 생각이 간결해지고 모호했던 지식이나 정보가 명확해지는 경우가 있습니다. 강의 콘텐츠를 만들다가 생긴 의문을 작가의 생각에서 도움을 받을 수 있습니다. 본인의 생각보다 고품질의 해결책을 얻을 수 있죠.

생각형 책을 많이 읽으면 개성 있는 강의 콘텐츠를 만들 수 있습니다. 주제에 대한 통찰이 생기기 때문입니다. 나만의 통찰을 가진다는 것은 주제에 대한 재해석을 통해 새로운 의미를 만드는 일입니다. 강사의 전문성과 내공을 만들어주는 효과가 있습니다. 노력과 투자를 필요로 하지만 생각형 책이 줄 수 있는 유익입니다.

그래서 생각형 책은 즉시 활용하기가 쉽지 않다는 단점을 가지고 있습니다. 작가의 생각을 있는 그대로 카피하는 것은 포장만 멋지고 알맹이는 없는 치명적인 문제가 생깁니다. 작가의 축적된 경험과 노하우가 없기 때문입니다. 학습자의 예리한 질문을 감당할 수 없는 가짜 지식을 가졌을 뿐이죠. 읽을 때는 좋지만 깊이 고민하고 생각하지 않으면 막상 강의 콘텐츠로 만들기는 어렵습니다.

분석형 책은 작가가 사례, 통계, 실험, 뉴스 등 다양한 자료를 통해 자신이 하고자 하는 말을 정리한 책입니다. 김민태 님의 [일생의 일]을 추천합니다. 가치 있다고 생각하는 일과 좋아하는 일에 대한 작가의 메시지가 담긴 책입니다. 잡크래프팅 강의를 할 때 유용한 콘텐츠가 많습니다. 이 책의 특징은 작가가 자료를 직접 수집해서 소개한다는 점입니다. 예를 들면 한국에서 발생한 어떤 현상을 설명하기 위해 일본과 미국의 모습, 정확히 말하면 통계 자료를 제시합니다. 5년 뒤 한국의 모습은 일본을, 10년 뒤 한국의 모습은 미국으로 설명합니다. 이를 통해 현재 발생한 현상이 앞으로 어떻게 될 것인지를 예측합니다. 신뢰도 높은 자료를 찾아서 작가가 말하고자 하는 메시지의 설득력을 높인 책입니다.

분석형 책에서 읽을 수 있는 사례, 통계, 실험, 뉴스 등은 강의 때 활용하기 좋은 콘텐츠입니다. 그래서 분석형 책을 찾으면 강의 콘텐츠를 만들 때 많은 도움을 얻을 수 있습니다. 흥미진진한 에피소드뿐만 아니라 통계나 실험과 같은 과학적 근거를 가지는 자료도 찾을 수 있습니다. 타당한 근거를 제시하여 메시지의 설득력을 높이고 싶다면 분석형 책을 읽으면 좋습니다. 치명적인 단점은 흔치 않아서 쉽사리 찾을 수 없다는 것입니다. 서점에서 오랜 시간을 보내야 합니다.

경험형 책은 작가 본인의 경험을 풀어 쓴 책입니다. 보통 성공한 정치가나 기업인이 작가인 경우가 많습니다. 혹은 성공한 주인공을 분석하여 일대기를 상세하게 기록한 자서전이나 전기 책이 있습니다. [스티브 잡스]나 [팀 쿡] 같은 책이 그렇습니다. 유명 인물에 대한 책만 있는 것은 아닙니다. 요즘에는 수많은 사람들이 자기 이야기를 책으로 엮어냅니다. 우리는 누군가의 스토리에서 자극을 받거나 배움을 얻기도 합니다. 강의 콘텐츠를 만드는 경우라면 작가의 경험을 사례로 활용하는 것도 유용합니다. 다만 그 인물의 성격, 환경, 배경 등을 생각해야 하기 때문에 주의해서 접근할 필요가 있습니다.

지금 여러분이 읽고 있는 이 책은 경험형 책이라고 볼 수 있습니다. 강의 콘텐츠를 만드는 저의 방법을 설명하고 있으니까요. 다른 경험형 책과 마찬가지로 작업 방식, 가지고 있는 강점, 환경이 다르기 때문에 책의 내용을 100% 적용하는 것은 어려울 수 있습니다. 필요한 부분, 실천할 수 있는 부분을 찾아서 활용하면 도움이 될 것입니다.

박승오, 홍승완의 [나의 방식으로 세상을 여는 법]을 살펴보면 두 작가가 살면서 어떤 실천을 했는지 살펴볼 수 있습니다. 가치를 찾고 습관을 만들고 스스로 동기부여를 하는 과정에서 자극이 되고 실제로 학습자가 적용할 수 있는 콘텐츠를 찾을 수 있습니다. 강의 콘텐츠로 활용할 수 있는 내용이라서 좋습니다. 경험형 책은 현실적으로 실천할 수 있는 방법을 찾을 수 있다는 장점이 있지만 누구나 활용할 수 있는 보편적인 방법인지 아닌지를 생각해야 합니다.

마지막은 연구형 책입니다. 보통 교수나 학자가 쓴 책을 연구형 책으로 분류합니다. 가설을 세운 뒤 설문과 실험을 통해 통계를 도출하고 결과를 제시하는 형식입니다. 논문과 비슷합니다. 마틴 셀리그만 교수의 [낙관성 학습]을 살펴보면 낙관성의 필요성과 중요성에 대해서 직장인의 업무 성과, 학생의 공부 성적, 운동선수의 성적, 노인의 수명 등을 관찰하고 통계를 도출하여 결과를 이끌어냅니다. 대부분의 연구형 책에서는 제한 조건이 있는 상황에서 동물이나 사람을 대상으로 진행한 실험에 대한 이야기를 쉽게 찾아볼 수 있습니다. 앞서 말했던 분석형 책과는 다르게 연구와 실험을 토대로 결과를 도출했다는 차이가 있습니다.

가장 최신 이론과 사례를 접할 수 있는 유형이 바로 연구형 책입니다. 특정 분야의 새로운 주장과 사례를 접할 수 있는데 이는 끊임 없이 새로운 공부를 해야 하는 강사의 특성과 잘 맞습니다. 서은국 교수의 [행복의 기원]은 긍정심리학에서 말하는 기존의 행복이 아니라 진화심리학 관점으로 바라보는 행복을 설명합니다. 수많은 최신 논문을 근거로 인간이 왜 행복을 느끼는지, 왜 행복이 필요한지를 소개한 책입니다. 행복은 목적이 아니라 수단이라고 주장합니다. 이전에 많은 학자들이 행복을 인간의 목적이라고 주장한 것과 다릅니다. 연구형 책의 장점은 새로운 이론과 사례를 배운다는 것입니다. 반면에 생각형 책과 마찬가지로 정확하게 이해하고 강의 콘텐츠로 만들기까지 오랜 시간이 걸린다는 단점이 있습니다.

책을 4가지 유형으로 구분한 이유는 효율적으로 강의 콘텐츠를 만들기 위해서입니다. 책을 꼼꼼하게 정독하며 강의 콘텐츠를 만들면 좋겠지만 시간이 넉넉하지 않습니다. 강사는 최대한 효율적으로 자료를 수집하여 효과적인 강의를 해야 합니다. 운전하느라 하루를 소비하는 시간도 많습니다. 오디오북이 유용하다고 하지만 기록하지 못하고 흘려버리는 한계가 있습니다. 책 한 권 읽는 데 일주일이 걸리면 강의 콘텐츠를 만드는 건 꿈도 못 꿉니다. 지금 어떤 자료가 필요한지, 선호하는 자료는 무엇인지를 알고 필요한 유형의 책을 빨리 찾아내는 것이 핵심입니다. 소양을 위한 독서가 아니라 강의 콘텐츠를 만들기 위한 독서 기술입니다.

한 가지 생각할 점은 무엇이든 어느 한쪽으로 치우치지 않도록 하는 것입니다. 생각형 책에만 집중하면 강의 콘텐츠가 추상적이고 모호한 내용으로 만들어질 수 있습니다. 강사의 개인적인 생각만 있다면 학습자는 불편함을 느낄 수 있습니다. 분석형 책은 강의 콘텐츠를 만드는 데 도움이 되지만 자칫 짜깁기 강의 콘텐츠가 될 수 있습니다. 인터넷에 검색하면 찾을 수 있는 자료를 나열하는 강의를 하면 안 되죠. 자료를 토대로 강사의 메시지가 담긴 통찰이 있어야 합니다. 생각형 책을 읽어야겠죠? 경험형 책만 읽고 강의 콘텐츠를 만들면 보편적이지 않은 강의가 됩니다. 강의가 아니라 본인이나 타인의 이야기를 하는 수다라고 볼 수 있습니다. 연구형 책만 읽으면 현장의 이야기가 사라집니다. 강의는 실험과 연구 바깥의 이야기도 담아야 합니다.

이처럼 4가지 중 한쪽으로 치우치면 그에 따른 단점이 드러납니다. 4가지 유형을 생각해서 책을 고른다면 콘텐츠가 풍성해질 것입니다. 이는 그대로 탁월한 강의로 이어질 수 있습니다.

3. 독서 외에 이론을 공부하는 방법

독서가 이론을 공부하는 가장 좋은 방법이지만 독서가 유일한 방법은 아닙니다. 더구나 독서가 힘든 사람도 있고, 다른 방법의 효과가 더 좋을 수도 있습니다. 지금은 유튜브나 팟캐스트가 책을 대체할 수 있습니다. 오디오북도 좋은 선택이죠. 이를 활용하면 샤워하거나 밥을 먹으면서, 이동하거나 운전하면서 틈틈이 공부할 수 있습니다. 제가 독서 외에 활용하는 방법은 논문과 잡지 읽기, 영상 시청하기, 인터넷 활용하기입니다.

이론을 빨리 이해하고 싶을 때 논문과 잡지를 읽습니다. 책은 200페이지가 넘는 분량이기 때문에 읽는 데 오래 걸리지만 논문은 서론과 이론적 배경을 읽는 것으로 충분합니다. 대략 20~40페이지 정도죠. 두세 편의 논문을 읽으면 독서보다 훨씬 적은 시간을 투자해서 이론을 이해할 수 있습니다. 잡지는 [동아 비즈니스 리뷰]나 [하버드 비즈니스 리뷰]를 봅니다. 조직이나 직장인 대상의 논문은 찾기 어렵지만 두 잡지는 기업에 대한 내용이 중심입니다. 리더십, 자기 계발, 조직 문화 등 경영학 전반에 대한 새로운 이론을 빨리 접할 수 있는 장점이 있습니다.

논문이나 잡지의 단점은 사례가 부족하다는 점입니다. 연구 결과를 활용할 수는 있지만 어렵고 딱딱하다는 건 변함이 없습니다. 배경지식을 쌓고 이론을 이해하는 데 좋지만 사례는 찾아야 하는 번거로움이 있습니다.

영상은 [EBS 다큐프라임], [SBS 스페셜], [MBC 스페셜] 같은 다큐멘터리와 [어쩌다 어른], [차이나는 클라스], [세바시] 같은 강연 프로그램이 있습니다. 요즘에는 유튜브에도 좋은 콘텐츠가 많습니다. 영상은 논문과 잡지보다 다양한 주제를 다룹니다. 그동안 봤던 다큐멘터리 중에 지금까지 기억에 남아 있는 다큐멘터리는 [왜 우리는 대학에 가는가], [인간의 두 얼굴], [마더 쇼크], [아이의 사생활]입니다. 진로, 심리, 엄마, 아이가 주제네요. EBS 다큐프라임은 정말 공부하기 좋은 다큐멘터리입니다. 요즘에는 넷플릭스에서 제작하는 역사나 상식 관련 다큐멘터리를 즐겨 보고 있습니다. 강연 프로그램을 시청하면 강의 콘텐츠에 대한 직접적인 도움을 얻을 수 있습니다. 강연자의 콘텐츠를 활용할 수 있고, 멘트나 동작을 연습할 수도 있습니다.

영상의 가장 큰 장점은 쉽게 공부할 수 있다는 것입니다. 한두 시간 시청하기만 하면 되니까요. 다큐멘터리의 경우 PD들이 짧게는 몇 달, 길게는 몇 년에 걸쳐 기획한 내용인 걸 안다면 더욱 집중해서 볼 수밖에 없습니다. 강연 프로그램도 마찬가지입니다. 강연자의 오랜 내공이 담긴 콘텐츠를 빠르게 흡수할 수 있습니다. 많이 볼수록 좋습니다.

영상의 단점은 원하는 주제를 찾기 힘들다는 것입니다. 당장 강의를 준비해야 하는데 맞춤 주제의 영상이 없을 가능성이 높습니다. 평소에 꾸준히 시청해야 한다는 의미죠. 그리고 오래된 다큐멘터리는 시청하기 어렵다는 단점이 있고, 강연은 콘텐츠를 카피하되 자기만의 콘텐츠로 탈바꿈 시켜야 하는 작업이 남아 있습니다.

마지막은 인터넷으로 공부하는 방법입니다. 요즘엔 인터넷에 찾으면 뭐든 다 나옵니다. 강의 내용을 학습자가 즉시 인터넷에서 찾아보고 맞는 말인지 틀린 말인지 확인할 수 있죠. 예전에는 인터넷 자료를 신뢰할 수 있는가의 문제가 있었는데, 지금은 각 분야의 전문가가 인터넷에서 활동하고 있기 때문에 신뢰성이 많이 올라갔습니다. 물론 사실 여부를 확인해야 하는 건 변함없지만요.

저 역시 인터넷에서 많은 자료를 찾습니다. 뉴스, 칼럼, 블로그를 즐겨 읽습니다. 가능하면 신뢰할 만한 사이트를 이용합니다. 가장 큰 장점은 다양한 관점을 얻을 수 있다는 사실입니다. 예를 들어 심리학이라고 한다면 이론을 상세하게 설명한 글, 개인의 경험을 활용한 글, 해외 이슈를 활용한 글, 영화를 활용한 글, 역사를 활용한 글, 생소한 소재를 활용한 글 등이 있습니다.

새로운 췌장암 진단 키트를 발명한 잭 안드라카는 구글과 위키피디아를 통해 어떤 문제도 해결할 수 있다고 말했습니다. 췌장이 무엇인지도 몰랐었는데 인터넷으로 배경지식을 쌓고, 문제를 해결할 수 있는 아이디어를 찾아내 기존 췌장암 진단 방식보다 168배 더 빠르고, 2만 6,000배 더 싸며, 400배 더 민감한 검사센서를 만들었습니다. 인터넷 활용을 잘하면 얼마나 훌륭한 결과를 낼 수 있는지 알려주는 사례입니다.

인터넷에서 활동하는 전문가는 큰 도움이 됩니다. 작가로도 활동 하시는 [지눙눙]이나 [무명자] 블로그에서 심리학을 쉽게 배울 수 있 습니다. 브런치에서 활동하는 작가도 있습니다. 삼국지 이야기를 쓰 시는 [글곰], 조직문화에 대한 글을 쓰시는 [상효이재], 브랜딩에 대 해 알려주시는 [박창선]의 글들을 즐겨 읽습니다. 글 잘 쓰시는 분들 도 많고, 해박한 지식과 다양한 경험을 가지고 계신 분들도 많아서 이런 분들의 글을 찾아 읽는 것이 또 하나의 즐거움입니다.

단점이라면 깊이 이해하는 데 분명한 한계가 있다는 점입니다. 겉 핥기식 공부에 그칠 수 있습니다. 또한 자료의 신뢰도가 떨어질 수 있습니다. 출처나 근거를 알 수 없는 사례나 가짜 뉴스를 강의에 활 용하는 것은 치명적입니다. 그래서 인터넷에서 본 자료는 교차 검증 을 통해 정확한 사실을 파악하는 작업이 추가로 필요합니다.

강의를 위해 이론을 공부해서 배경지식을 쌓는 것은 필요한 일입 니다. 그런데 사람마다 성향이나 취향이 다르듯이 공부하는 방식도 다릅니다. 자신이 몰입할 수 있고, 이해하기 쉬운 방식을 활용하는 것이 현명합니다. 공부를 많이 하는 것이 강의를 잘하는 것과 100% 연결되는 건 아니지만 조금씩 본인의 통찰력이 담긴 탁월한 강의로 이어질 것입니다.

연 습 하 기

공부는 외롭습니다. 긴 터널을 걷는 것 같은 기분이 듭니다. 맞는 방향으로 하고 있는지 의문이 들 때도 있죠. 그래서 다른 사람의 강의를 듣고 모임에 참석하고 스터디에 참가합니다. 혼자 하는 공부보다 함께 하는 공부가 더 낫습니다. 다른 사람에게 추천 받는 것만으로도 양질의 공부를 할 수 있는 좋은 방법입니다. 서로 책, 논문, 영상, 인터넷 사이트를 추천하고 공유하면 효율적인 공부를 할 수 있습니다. 한번 생각해보세요. 누군가에게 추천을 받기 전에 내가 추천할 수 있는 건 무엇인가요?

읽은 것: 글, 책, 문서…	본 것: 강연, 방송, 영상…

공부의 흔적을 남기세요. 두 칸을 차곡차곡 채우면 본인의 강의 콘텐츠도 풍성해집니다. 열심히 배우고 공부하세요.

4. 이론에서 찾아야 하는 콘텐츠

이론을 공부한다는 건 끝이 없는 길입니다. 평생 공부해도 시간이 부족할 것이며, 당장 있을 강의를 위해서도 적당히 공부해야 합니다. 다시 말하면 필요한 콘텐츠만 찾는 것으로 끝내야 한다는 뜻입니다. 그렇다면 무엇이 필요한 콘텐츠일까요?

이론을 공부하면서 찾아야 하는 콘텐츠가 있습니다. 바로 세부 이론입니다. 예를 들어 심리학의 경우 범위가 굉장히 넓습니다. 그저 "난 심리학을 강의할 거야"로 끝날 문제가 아닙니다. 심리학에는 정신분석학, 상담심리학, 발달심리학, 성격심리학, 긍정심리학, 인지심리학, 사회심리학, 조직 심리학 등의 학문 분야가 있습니다. 여기서 끝나지 않고 각 학문마다 대표 학자들이 있습니다. 정신분석학만 해도 지크문트 프로이트, 에리히 프롬, 에릭 에릭슨, 자크 라캉 등이 있습니다. 각 학자마다 주장과 이론이 다릅니다. 심리학으로 강의를 하겠다고 결심했다면 수많은 학문 분야 중 하나를 선택해야 하고, 그 학문 분야에서도 학자를 선택해야 합니다. 리더십, 커뮤니케이션, 진로 등 대부분의 강의 주제는 동일한 상황입니다. 이론을 공부하면서 이 부분을 알아야 합니다.

두 번째는 개념입니다. 우리는 가지고 있는 배경지식, 고정관념,

선입견, 편견으로 인해 잘못 알고 있거나 오해하고 있는 개념들이 있습니다. 개념부터 잡고 가자는 말은 여기서도 유효합니다. 올바른 개념을 알고 있어야 재정의 작업을 해도 괜찮을 수 있습니다. 진로나 창업 교육 때 흔히 사용하는 단어가 미션, 비전, 가치입니다. 각용어의 정의는 무엇인가요? 미션과 비전은 무엇이 다른가요? 왜 구분해야 하나요? 가치는 무엇이고 미션, 비전과 어떤 관계가 있나요? 알고 있는 개념이 다르기 때문에 한 단어를 다른 의미로 사용하는 경우도 많습니다. 강의 콘텐츠를 만들기 전에 이런 개념들을 정리할 필요가 있습니다.

제가 정리한 미션, 비전, 가치의 개념은 다음과 같습니다. 미션은 일의 목적, 존재의 이유입니다. 한 번 정립하면 쉽사리 변하지 않습니다. 비전은 미션을 달성하기 위한 일의 목표입니다. 비전은 이뤄가는 단계가 있습니다. 2020년 비전을 달성했다고 표현하는 것처럼 목표를 이루면 다음 목표를 향해 나아갑니다. 가치는 미션과 비전을 이루기 위한 행동의 규범, 범위입니다. 그래서 미션과 비전을 달성하기 위해 온갖 범죄와 불합리를 저지르는 건 가지고 있는 가치에 맞지 않다고 말합니다. 어떤 생각을 하고, 행동을 할 것인지 결정하는 데 작용하는 것이 가치입니다.

세 번째는 중요성과 필요성입니다. 강의를 왜 들어야 하는지를 설명할 수 있는 콘텐츠입니다. 이론을 공부하면서 과학적인 근거를 찾을 수 있습니다. 이를 두 가지로 정리할 수 있는데, 하나는 효과이며 다른 하나는 위험입니다. 효과는 좋은 점을 어필하는 것이죠. 더 나은 모습을 제시하여 학습자를 설득합니다. 위험은 나쁜 점을 어필하는 것입니다. 하지 않으면 안 된다는 심각성을 강조하여 학습자를 설득합니다. 이론을 공부하면서 강사의 경험이나 생각이 아니라 과학적으로 납득할 수 있는 콘텐츠를 찾습니다.

네 번째는 차별성이나 특징입니다. 다른 이론과 비교해서 무엇이 다르고 우수한지 알리는 것이죠. 같은 분야의 이론은 비슷한 성질과 차이점을 가지고 있습니다. 그래서 학습자에게 더 적합하다고 생각되는 이론을 소개하고 고유한 특징이 무엇인지 언급해야 합니다. 이를 증명하는 실험이나 근거 자료를 찾으면 더욱 좋습니다. 가끔 상반된 이야기가 존재하는 경우가 있습니다. 예를 들면 한편에서는 "꿈을 가져라"라고 말하고, 다른 편에서는 "꿈을 가지지 않아도 괜찮다"고 말합니다. 둘 다 나름의 근거와 이유가 있습니다. 어느 쪽을 선택하시나요? 왜 그렇게 생각하시나요? 이 질문에 대한 대답이 차별성이자 특징입니다.

다섯 번째는 구성 요소입니다. 이론을 구성하고 있는 내용이 무엇인지 공부해야 합니다. 이는 핵심 단어와 유사하며 책의 목차를 살펴보면 알 수 있습니다. 구성 요소를 어떻게 정리하느냐에 따라 공부할 범위가 정해집니다. 이론은 아니지만 예를 들어 SNS 마케팅이라면 인스타그램, 페이스북, 블로그, 카카오톡 채널 등이 구성 요소입니다. 또 다르게 접근한다면 콘텐츠 기획, 제작, 홍보, 고객 관리, 상담 등을 구성 요소로 생각할 수 있습니다. 무엇을 강의할 것인지 구성하기 위해서 알아야 하는 콘텐츠입니다.

여섯 번째는 현실 사례와 실천 방법입니다. 이론이 그저 뜬구름 잡는 이야기가 아니라 현실에 반영하여 변화를 이끌어내는 걸 증명합니다. 실제로 실천할 수 있는 방법을 제시하는 것이 필요합니다. 교재나 종이에 적거나 직접 행동을 할 수 있습니다. 강의 중에 실제로 할 수 있으면 좋지만 소개할 수 있는 것만으로도 다행입니다. 학습자에게는 이론에 대한 설명보다 현실 사례와 실천 방법이 더 필요할지도 모릅니다.

일곱 번째는 진단, 검사입니다. 이론을 공부하다 보면 쉽게 찾을 수 있는 콘텐츠가 진단, 검사입니다. 특히 심리학에서 많은데 진단, 검사를 토대로 이론을 도출해내기 때문입니다. 없어도 괜찮지만 활용할 수 있다면 좋습니다. 저는 3시간 이상의 긴 시간을 강의할 때 자주 활용합니다. 리더십, 커뮤니케이션, 스트레스, 회복탄력성, MBTI, 에니어그램, Big5 등 수많은 진단, 검사가 있습니다. 특별한 제약 없이 활용할 수 있는 진단, 검사가 있지만, 저작권 문제가 있기 때문에 주의해서 사용해야 합니다.

지금까지 제가 설명한 일곱 가지가 머릿속에 떠오르신다면 이론을 충분히 공부하셨고, 배경지식이 부족하지 않은 상태입니다. 이제 이론을 바탕으로 구조를 만들 수 있습니다. 어떤 내용과 흐름으로 강의를 할 것인지 생각하는 단계입니다.

연 습 하 기

　이론을 공부하면서 무엇을 강의 콘텐츠로 써야 하는지 모를 때 이 표를 사용해서 정리하면 유용합니다. 세부 이론은 강의 주제를 정하는 처음 단계에서만 정리하면 됩니다. 무엇을 공부할지 선택한 다음에 개념, 중요성과 필요성, 실험과 근거, 구성 요소, 차별성과 특징, 현실 사례와 실천 방법, 진단과 검사까지 생각나는 대로 적어보세요. 평소에는 책을 읽으면서 바로 메모해두는 편이 좋습니다.

세부 이론	개념	중요성/필요성
실험/근거	구성 요소	차별성/특징

현실 사례	실천 방법	진단/검사

　무리해서 각 항목을 전부 찾아 채울 필요는 없습니다. 보이지 않는 콘텐츠는 그대로 공란으로 두세요. 사례나 참여 콘텐츠를 다루다 보면 공란을 채울 수 있습니다. 시간이 지나서 콘텐츠가 떠오를 때도 있죠. 당연히 꼭 채우지 않아도 강의하는 데는 아무런 지장이 없어요.

5. 구조를 만들기 위한 도구

"강의를 하잖아요. 강의를 하면 생각을 뭐로 하느냐, 도형, 이미지로 합니다. 예를 들어서, 제가 돈에 대한 강의를 준비해야 해요. 우리 직원들이랑 회의를 합니다. 주제는 '돈의 이치를 알아야 돈을 이긴다'입니다. 직원들이 말해요. '이번 강의는요, 이런 식으로 가면 좋겠어요.(1)' 이게 뭔가요? 돈의 이치를 깨닫는 세 가지 방법으로 가면 좋겠다는 뜻이에요. 그림만 보면 알아들어요. 그림 안에 말이 있어요. '아니면 이렇게 가면 어떨까요?(2)' 훈련을 많이 한 직원들이라 알아요. 돈을 중심에 두고, 돈을 잘 관리하려면 이 네 가지 밸런스가 맞아야 한다는 이야기를 하려고 하는 거구나. 이해가 되나요? 그다음에는 돈이란 이야기를 하려고 하는데, 이렇게 올라가요.(3) 점점 상승하고 있죠. 1단계, 2단계, 3단계, 4단계. 상호 연관성을 가지고 점점 올라가서 마지막에 완성을 하자는 이야기구나. 회의할 때 이렇게 그림으로 이야기해요. '어떻게 하자는 거야? 이렇게 가자는 거야, 저렇게 가자는 거야? 어떻게 해? 이거요. 그럼 이게 맞겠다.' 이런 식으로 축약으로 이야기해요. 이미지가 생각의 축지법이에요."

- 김미경 원장의 강의 中

(1)

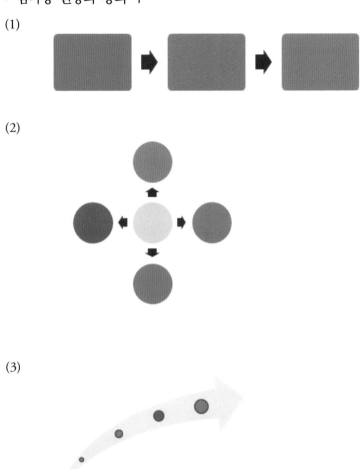

(2)

(3)

　　강의 주제를 정한 뒤 메시지를 만들고 이론을 공부합니다. 그리고 이론을 바탕으로 구조를 만들 수 있습니다. 강의 전체 흐름을 구성하고 메시지를 논리적이고 일관되게 전달하기 위해 필요한 작업입니다. 김미경 원장의 강의를 통해 알 수 있듯이 구조를 그림으로 표현할 수 있습니다. 어떤 구조가 적합한지는 강사가 선호하는 바에 따라, 메시지에 따라, 알고 있는 콘텐츠에 따라, 대상과 환경에 따라 달라질 수 있습니다. 적합하다고 생각되는 구조로 준비하면 됩니다. 경험이 쌓일수록 능숙해질 수 있습니다.

그런데 구조를 만드는 일이 어렵다고 생각하시는 분들이 있습니다. 여러 이유가 있겠지만 가장 큰 이유는 알고 있는 콘텐츠가 부족해서 그렇습니다. (1), (2), (3)의 그림은 알고 있는데 각각의 도형에 들어갈 콘텐츠를 모르고 있다는 의미입니다. 콘텐츠가 없는 상태에서 배치를 생각하려니 꼬이는 것입니다. 그래서 이론을 먼저 공부해야 구조를 만들 수 있습니다.

김미경 원장은 도형이나 이미지로 표현했는데 이렇게 하면 어떤 콘텐츠가 필요한지 파악하기 어렵습니다. 쉬운 방법은 그림이 아니라 단어로 구조를 표현하는 것입니다. 단어로 표현하면 무엇이 필요한지 명확하게 알 수 있습니다. 그림으로 표현하는 구조가 여러 가지 있듯이 단어로 표현하는 구조도 다양합니다.

(1) 첫 번째 - 두 번째 - 세 번째

알고 있는 콘텐츠를 3가지로 정리합니다. 브레인스토밍으로 자유롭게 생각해도 되고, 이론을 공부하면서 알게 된 콘텐츠들을 정리하는 것입니다. 어떤 특정한 주제는 절대 빠뜨리지 않아야 하는 요소가 존재합니다. 개인정보 보호 강의의 경우 개인정보가 무엇인지를 아는 단계가 꼭 필요합니다. 강의 콘텐츠에 꼭 들어가야 하는 콘텐츠가 많다면 3가지로 정리해봅니다. 가장 포괄적인 구조이기 때문에 먼저 활용하는 편이 좋습니다. 주제를 넓은 범위에서 생각하고 정리하기에 유용하기 때문입니다. 주제를 3가지로 정리하고 이를 어떻게 전개할지 세부적인 구조는 다시 만듭니다.

(2) 왜 - 무엇을 - 어떻게

가장 쉽게 활용할 수 있는 구조입니다. 위에서 3가지 요소로 정리했다면 이번에는 세부적인 내용을 생각합니다. 내용에 대한 중요성과 필요성을 강조하는 '왜', 어떤 요소가 있고, 무엇을 배워야 하는지 알려주는 '무엇을', 어떻게 배우고 활용할지를 생각하는 '어떻게'로 콘텐츠를 정리합니다. 각 영역의 분량은 강의 주제와 메시지, 학습자에 따라 적절하게 조절합니다. 강의 콘텐츠를 만들 때 활용하기 좋은 기본 구조라고 할 수 있습니다. 평소에 왜, 무엇을, 어떻게 단어를 스스로 되뇌며 생각하면 도움을 얻을 수 있습니다.

(3) 과거 - 현재 - 미래

시간을 기준으로 하는 구조입니다. 특정 주제나 물건에 대해서, 혹은 학습자에 대한 내용을 다룰 때 시간 개념을 적용해서 강의하는 구조입니다. 리더십 강의를 한다면 리더십의 과거, 현재, 미래에 대한 콘텐츠를 준비할 수 있습니다. 리더십 역사에서 인사이트를 얻고 앞으로 적용할 실천과제를 도출하는 방법입니다. 개인의 과거를 탐색하고, 현재를 점검하고, 미래를 다짐하는 내용의 강의에서 활용하는 구조입니다.

(4) 배경 - 원인 - 해결

먼저 특정 이슈나 주제에 대한 배경을 설명합니다. 과거로부터 현재까지 상황이 어떤지 설명할 수 있습니다. 그리고 이렇게 된 원인을 밝힙니다. 마지막으로 원인을 해결하기 위한 방법을 제시합니다. 전문적인 분야의 강의를 할 때 활용할 수 있는 구조입니다. 풍부한 지식을 바탕으로 배경을 설명하고 원인을 짚어주는 방식은 강사의 전문성을 기반으로 설득력 높은 해결책을 제시할 수 있게 합니다. 문제 해결이 중요한 강의에 적합한 구조입니다.

(5) 쉽게 - 적당히 - 어렵게

난이도를 고려하는 구조입니다. 생소한 주제를 다룰 때 무턱대고 어려운 내용부터 전달하면 학습자가 힘들어합니다. 그래서 간단하고 쉬운 것부터 설명할 필요가 있습니다. 강의뿐만 아니라 참여에도 적용할 수 있는 구조입니다. 규칙이 어렵거나 제한 요소가 많은 참여부터 한다면 흥미를 잃고 거부감이 생길 수 있습니다. 쉬운 콘텐츠부터 시작해서 점점 더 어려운 과제를 제시합니다.

다섯 가지 구조는 주제와 메시지를 정한 이후에 내용을 전개하는 데 도움을 받을 수 있습니다. 단어를 이용해서 내용을 생각하면 관점이 달라지고 접근 방식이 달라집니다. 핵심 단어와 마찬가지입니다. 하나의 주제를 다른 내용으로 구성할 수 있는 아이디어도 구조에서 발견할 수 있습니다. 다른 강의가 탄생하는 것이죠. 그래서 구조를 알고 다르게 활용하면 기존의 강의에서 벗어날 수 있는 기회가 생깁니다.

강의 콘텐츠를 만들면서 어떤 구조를 사용할지는 선택의 문제입니다. 정답이 없습니다. 주제와 메시지, 이론을 공부하여 쌓은 배경지식, 알고 있는 콘텐츠, 강의 시간, 학습자에 따라 구조가 달라집니다. 중요한 것은 스스로 설득되는가의 문제입니다. 학습자를 설득하려면 강사가 먼저 설득되어야 한다는 것입니다.

왜, 무엇을, 어떻게가 가장 사용하기 쉬운 구조입니다. 강의 콘텐츠를 만드는 기본 구조라고 볼 수 있습니다. 강의에 반전을 주거나 색다른 접근이 필요할 때면 다른 구조를 활용합니다. 항상 같은 구조를 사용할 필요는 없습니다. 심지어 3개로 된 구조들을 설명드렸지만 4개가 될 수 있고, 2개가 될 수도 있습니다. '필요한 내용이 있고, 논리적이고 설득력이 높은 구조로 강의 콘텐츠를 만든다'가 정답이겠네요.

생각나는 대로 마음 가는 대로 강의 하는 것이 문제라고 생각해서 이를 고치고 싶다면 구조를 활용하면 됩니다. 가진 모든 것을 쏟아내는 것은 배출이지 강의라고 보기 어렵습니다. 강사가 흥분하고 신나서 강의해도 학습자가 잘 듣지 않습니다. 당연히 학습자에게 도움이 되지 않는 강의입니다. 메시지를 분명히 하고 구조를 갖춰서 강의하면 다른 방향으로 엇나갈 확률을 줄일 수 있습니다. 불필요한 말도 줄일 수 있습니다. 구조를 활용해서 강의 콘텐츠를 정리하는 작업을 꼭 해야 합니다.

6. 강의 구조를 만들자

구조를 만드는 작업은 스스로 질문하고 대답하는 과정입니다. 구조를 만들기 위한 도구에서 소개한 다섯 가지 구조는 어떤 질문을 던지고 어떤 대답을 할 것인지 방향을 보여줍니다. 도구를 자주 사용하면 익숙해지듯이 질문도 많이 할수록 익숙해집니다. 질문이 없다면 문제이지만 엉뚱한 질문은 오히려 즐거울 것입니다. 질문을 잘하기 위해서는 평소에 자신에게 물음표를 던지는 연습을 하면 됩니다. 스스로 질문하고 대답하면서 구조가 만들어지고, 콘텐츠를 발견하고, 강의를 할 수 있습니다.

질문의 출발은 주제와 메시지입니다. 주제와 메시지가 없으면 어떤 질문을 해야 하는지 방향을 잡기 어렵습니다. 명확한 주제가 아니어도 괜찮고 완성된 메시지가 아니어도 괜찮습니다. 질문을 시작할 출발점이면 충분합니다. 질문하면서 구조를 만들다 보면 메시지가 바뀌기 마련입니다. 처음부터 완벽한 경우는 없기 때문에 쉽게 시작하면 됩니다. 예를 들어 소통 강의 메시지는 '소통을 잘해야 팀의 성과가 향상된다'라고 정할 수 있습니다. 더 간단하게 말하면 '소통을 잘해야 합니다'입니다. 질문은 여기서부터 시작합니다. [왜-무엇을-어떻게]를 이용해보죠.

첫 번째 질문은 "왜 소통을 잘해야 하는가?"이거나 "왜 소통이 중요한가?"로 정할 수 있습니다. "왜?"로 시작하는 건 동일하지만 무엇을 묻는지에 따라 강의의 방향이 달라집니다. 기본적으로 두 가지 방법이 있습니다. 하나는 효과이며 다른 하나는 위험입니다. 주제를 배워서 좋은 효과를 얻는다고 강조하는 방법과 주제를 놓치면 좋지 않은 결과가 발생할 수 있다는 위험을 경고하는 방법이 있습니다. 어떻게 중요성을 인식시키고 필요성을 강조할 것이냐에 따라 콘텐츠가 달라집니다.

두 번째는 '무엇을' 순서입니다. "소통이란 무엇인가?"라고 질문할 수 있습니다. 그런데 메시지를 생각하면 또 질문해야 합니다. 바로 "소통을 잘하려면 무엇이 필요한가?"입니다. 소통을 잘하기 위해서 개인의 노력이 필요한지, 환경과 시스템이 더 필요한지 생각해볼 수 있습니다. 학습자가 어떤 부분을 중요하게 생각하는지를 찾으면 도움이 될 것입니다. 강의를 통해 강조하고 싶은 핵심 요소가 무엇인지 생각하고 학습자가 꼭 알아야 할 부분이 무엇인지 생각하는 것도 콘텐츠가 됩니다. '무엇을'에 해당하는 범위가 넓습니다. 학습자 입장에서 중요한 것, 알아야 하는 것, 실천해야 하는 것이 무엇인지 고민합니다.

세 번째는 '어떻게'를 다룹니다. "소통을 잘하려면 어떻게 해야 할까?"라고 질문합니다. '무엇을'에서 다뤘던 내용을 실천하는 단계입니다. 강의 중에 할 수 있는 방법과 강의 이후에 실천할 수 있는 방법으로 나눠서 찾습니다. 소통 주제에서는 경청이나 칭찬을 실습하거나 소통에 대해 대화를 나누고 발표를 하는 방법을 할 수 있습니다. 학습자가 경험한 다음 목표를 세워 실천할 수 있도록 유도합니다. 단순히 활동만으로 그치는 것이 아니라 분명한 교육 시사점을 얻을 수 있도록 해야 합니다.

박웅현 님의 [여덟 단어]에서 7강 소통 파트를 살펴보면 [왜–무엇을–어떻게] 구조를 엿볼 수 있습니다. 구조는 누구나 자유롭게 생각할 수 있습니다. 중요한 건 구조로부터 이어지는 내용입니다. 얼마나 설득력 있고, 깊이 있는 통찰이 담겨 있는지가 중요합니다. 아래 [여덟 단어]에서 읽을 수 있는 구조를 활용해 나는 어떤 질문으로 던지고 어떤 대답을 할 것인지 생각해보면 좋겠습니다.

(1) 왜 소통이 중요한가? (왜)

소통이 중요하다는 말로 시작합니다. 중요하다는 사실을 어떻게 설명할까요? 같은 질문이더라도 사람마다 다르게 답변할 것입니다. 나만의 경험과 생각이 담긴 답변을 생각해보세요. 박웅현 님은 회사, 단체에서의 중요성, 부부, 친구, 육아에서의 중요성, 기본 생활의 어려움으로 답변합니다.

(2) 소통이 안 되는 이유 (무엇을)

첫 번째 파트에서 소통의 중요성을 강조한 다음 현재 소통이 안 되는 사람들에 대해서 설명하는 내용입니다. 소통이 안 되는 이유가 뭘까요? 각자 생각하기에 따라서 100가지가 넘는 답변이 있을 것입니다. 박웅현 님은 서로 다르다는 걸 인정하지 않는 자세, 상대를 배려하지 않는 태도, 하고 싶은 말을 제대로 전하지 못하는 능력이라고 답변합니다.

(3) 소통을 잘하기 위한 자세 (어떻게)

소통이 중요하다고 말했고, 소통이 안 되는 이유도 밝혔습니다. 이제 문제를 개선하고 해결하기 위한 솔루션을 제시할 차례입니다. 당신이 생각하는 소통의 솔루션은 무엇인가요? 솔루션은 맥락에 맞게 나와야 합니다. 소통이 안 되는 이유를 말했다면 그 이유들을 해결해야 합니다. 박웅현 님은 다름을 인정하자, 문맥을 생각하자, 생각을 디자인하자고 답변합니다.

[왜-무엇을-어떻게] 구조를 활용한 예를 들었는데, 다른 구조를 활용해서도 만들 수 있습니다. 그러면 내용이 달라집니다. 메시지였던 "소통을 잘해야 합니다"를 [과거-현재-미래] 구조로 생각해볼까요? 소통을 잘하기 위해 과거에 했던 노력, 현재 나의 소통 능력, 앞으로의 과제로 강의 콘텐츠를 만들 수 있습니다. 구조를 생각하고 만드는 것이 어렵다면 단어 하나만 기억하세요.

'맥락'

앞의 콘텐츠와 뒤의 콘텐츠가 잘 이어지는지, 맥락이 맞는지를 생각하면 크게 문제가 발생하지 않습니다. 보통 파워포인트 슬라이드로 작업을 할 텐데 맥락은 슬라이드와 슬라이드 사이에 숨어 있습니다. 사잇말이라고 표현합니다. 맥락만 잘 따져도 구조는 반 이상 성공입니다.

저는 [과거-현재-미래] 구조를 활용해서 스트레스 관리 강의를 합니다. 여러 구조 중에서 왜 [과거-현재-미래] 구조를 선택했는지 이유는 저도 모릅니다. [배경-원인-해결] 구조나 [쉽게-적당히-어렵게] 구조가 더 적합했을 수도 있습니다. 단지 예전부터 시간 흐름으로 강의 콘텐츠를 만들고 싶은 욕구가 있었습니다. 마침 배경지식과 생각한 콘텐츠가 맞아떨어졌기 때문이었습니다.

[과거-현재-미래] 구조로 만든 스트레스 관리 강의 콘텐츠는 어떤 내용이 있을까요?

(1) 과거를 탐색하기: 스트레스가 없는 사람은 없는데 이를 적절하게 해소할 때와 그렇지 못할 때가 있다고 생각했습니다. 그래서 자신의 과거를 탐색해서 스트레스를 적절하게 해소했던 경험을 떠올리는 것으로 시작했습니다.

(2) 현재를 즐기기: 현재 스트레스를 건강하게 해소하는 방법이 무엇이 있는지 찾습니다. 현재를 즐기는 것이 현실적으로 어려울 수 있지만 그럼에도 불구하고 되새겨 볼 필요가 있다고 생각합니다.

(3) 미래를 바꾸기: 현실은 만만치 않을 것입니다. 그래서 앞으로도 스트레스를 건강하게 해소할 수 있는 방법으로 무엇이 있는지 생각해야 합니다. 정신적으로 더 강해져야 하는 방법을 다룹니다.

이렇게 세 가지 소주제로 구조를 완성한 뒤 학습자가 쉽고 재미있게 받아들일 수 있으려면 어떻게 해야 할까 고민했습니다. 우선 메시지를 "스트레스 관리를 잘하자"에서 "스트레스 관리를 위해 잘 놀자"로 바꿨습니다. 메시지가 달라졌으니 내용도 달라졌습니다.

(1) 과거를 탐색하기는 "놀았다"
(2) 현재를 즐기기는 "논다"

(3) 미래를 바꾸기는 "놀자"

한결 가볍게 변경했습니다. 이렇게 단어나 문장을 바꾸는 것은 의미가 있습니다. 학습자 입장에서는 생각의 출발점이 됩니다. 탐색이라고 하는 것보다 놀이라고 하면 더 쉽게 생각할 수 있습니다. 그리고 강사 입장에서 하는 말이 달라집니다. "과거를 탐색하세요"와 "뭐 하면서 노셨나요?"는 분명한 차이가 있습니다. 학습자가 강의를 받아들이는 느낌이 달라집니다.

구조를 만들었다면 커리큘럼을 작성할 수 있습니다. 커리큘럼은 요약된 강의 내용을 담은 문서입니다. 구조를 잘 만들었다면 커리큘럼을 작성하기 쉽습니다. 상대방이 알아볼 수 있도록 친절하게 설명하는 연습만 하면 됩니다. 누군가가 커리큘럼만 봐도 강의 주제와 메시지, 맥락을 파악할 수 있고, 내용을 예상할 수 있도록 말이죠. 메시지가 분명하고 콘텐츠들의 역할이 명확한 덕분입니다. 반면에 커리큘럼상의 문장들이 따로 이어지지 않고 제각각 위치하는 경우가 있습니다. 주제와 연관성이 있고 강사가 할 수 있는 콘텐츠들이 뒤섞여 있는 형태입니다. 이렇게 작성하지 않아야 합니다. 구조를 만드는 작업은 커리큘럼을 완성하는 것으로 마무리됩니다.

연 습 하 기

제가 사용하고 있는 커리큘럼입니다. 자주 고쳐 사용합니다. 학습자에게 맞게 단어와 문장을 바꿉니다. 강의 콘텐츠가 달라지는 경우에도 다시 수정합니다. 참고하시고 아래 빈 커리큘럼에는 나만의 강의 커리큘럼을 작성해보세요.

교육명	긍정 마인드 및 스트레스 해소
목적	몸과 마음이 건강한 삶이라는 목표를 세우고, 나만의 스트레스 해소 방법을 찾아 실천할 수 있다.
목표	1. 감정의 중요성을 알고 과거의 경험을 토대로 스트레스 해소법을 찾는다. 2. 현재에 집중하는 사람들을 탐구하고 현재를 위한 네트워킹을 실습한다. 3. 미래를 바꾸기 위한 태도를 알고 낙관적인 생각으로 변화를 모색한다.
모듈명	내용
Module 1 회복을 위한 과거 탐색하기	·과거로부터 쌓여온 부정적인 감정으로 인한 번아웃 이해 ·나만의 스트레스 해소법을 찾는 과정 실습 ·언제, 어디서, 누구와, 무엇을 질문으로 감정 찾기
Module 2 '지금 이 순간' 현재 즐기기	·현재를 즐기는 사람들의 공통점은 무엇인가 ·나의 현재를 구성하고 있는 요인에 대해서 ·행복 점수를 10점 높이기 위해 필요한 것은?
Module 3 지속하기 위한 미래 바꾸기	·낙천적인 사람과 낙관적인 사람의 차이 ·미래를 바꾸기 위한 마음챙김 기술 ·언제 어디서나 즉시 하는 짧은 명상과 앵커링

교육명	
목적	
목표	

모듈명	내용

3장

강의를 말랑말랑하게 하는 사례를 만들자

1. 변화된 경험을 사례로 만들기

　강의의 목적은 학습자의 변화입니다. 현재 상태에서 더 나은 상태로의 변화를 추구하는 것입니다. 따라서 강의 성과는 강의 전과 후를 비교해서 무엇이 변했는지 확인함으로써 알 수 있습니다. 변화가 없는 강의는 의미가 없습니다. 이런 변화는 누구로부터 시작할까요? 저는 강사가 먼저라고 생각합니다. "리더십 강사가 리더십이 없다"는 말이 있습니다. 강의 내용과 강사의 삶이 일치하지 않아서 생긴 말입니다. 진실성이 없는 강사에게 설득을 당할 학습자는 없습니다. 그래서 주제와 메시지를 정하고 사례를 찾을 때 가장 먼저 살펴야 하는 콘텐츠가 바로 강사 본인의 변화입니다. 학습자에게 자신의 변화를 보여주고, 설명하면서 무엇이 도움이 되었는지 제시해야 합니다. 강의 콘텐츠를 만들기 위해 찾아야 하는 첫 사례는 강사 본인의 변화입니다. 저의 사례를 통해 변화 경험을 찾는 힌트를 얻으시면 좋겠습니다.

(1) 스트레스 관리 사례

저는 스트레스 관리 강의 콘텐츠를 만들기 어렵다고 생각합니다. 첫 번째 이유는 모든 사람들에게 적용할 수 있는 스트레스 해소 방법이 없기 때문입니다. 사람마다 스트레스를 해소하는 방법이 다릅니다. 그래서 학습자가 100명이면 100가지 해결책을 제시해야 할 것 같은 강의입니다. 두 번째 이유는 저부터 스트레스를 제대로 해소하고 관리하지 못한다는 아이러니 때문입니다. 강의 콘텐츠를 만드는 일은 창작입니다. 책상 앞에 앉아 있음으로 해결할 수 있는 문제라면 몇 시간이라도 앉아 있을 수 있습니다. 그런데 창작은 이런 방식으로 진행되지 않습니다. 5분 만에 뚝딱 끝내는 경우도 있지만, 5시간, 5일을 붙잡고 있어도 진척이 없는 경우가 많습니다. 창작의 고통으로 인한 스트레스는 정말 괴롭습니다. 그래도 꾹 참는 것 말고 달리 해소할 방법이 없습니다. 일은 끝내야 하니까요. 이렇게 두 가지 이유로 스트레스 관리 강의 콘텐츠를 만드는 작업은 어렵고 힘듭니다.

스트레스 관리 강의 콘텐츠를 만들기 위해 [과거-현재-미래] 구조를 활용했습니다. '과거의 나'와 '현재의 나'를 분석하는 것이죠. 조금이라도 발전하고 개선된 부분이 무엇이 있는지 찾는 것부터 시작했습니다. 과거에는 폭식이나 폭음같이 건강하지 못한 방법으로 스트레스를 해소하려 했어요. 스트레스가 쌓였을 때 나타나는 예민함과 까칠함 때문에 인간관계를 망친 적도 있습니다. 올바른 스트레스 관리를 모르고 건강하지 못한 방법으로 해소하려 했기 때문에 일어났던 일들입니다. 스트레스 관리가 아니라 스트레스 증상에 해당된다는 것을 깨달았습니다. 그래서 스트레스를 제대로 관리하지 못할 때 나타나는 증상을 저의 사례로 만들었습니다. 이후에 스트레스 관리를 통해 스트레스 증상을 줄이고 건강하게 스트레스를 해소하는 방법을 제시하는 것으로 이어집니다.

'현재의 나'는 제가 활용하고 있는 건강한 스트레스 해소 방법을 생각했습니다. 그리고 스트레스 관리에 대한 이론을 토대로 올바른 스트레스 해소 방법이 무엇인지 찾았습니다. 운동을 하거나 맛있는 음식을 먹으면 스트레스가 해소될 수 있다는 과학적인 근거를 들어 설명하는 것이죠. 그리고 '과거의 나'에서 무엇이 달라졌는지를 찾습니다.

실천하려고 노력하는 건강한 스트레스 해소 방법은 세 가지 종류가 있습니다. 행동적 방법, 관계적 방법, 인지적 방법입니다. 행동적 방법은 운동이나 여행, 음악 감상과 같은 신체 활동과 관련된 방법입니다. 관계적 방법은 배우자, 친구, 멘토와 같이 타인을 만나 회복하는 방법입니다. 인지적 방법은 명상이나 일기 쓰기, 독서와 같은 방법입니다. 이렇게 세 가지 방법을 앞으로 활용할 수 있도록 제시하고 실습합니다. 이 중에서 대부분의 학습자에게 익숙하지 않은 인지적 방법을 소개합니다. 마음의 안정을 찾는 명상을 실습하고, 생각의 변화를 이끌어낼 수 있도록 연습합니다. 앞으로도 실천할 수 있도록 돕는 것이죠. 스트레스를 해소하는 건강한 방법을 배우고, 체득할 수 있도록 합니다.

(2) 성격 사례

성격을 배우는 의미는 자신의 성격을 이해하여 불필요한 감정 소비나 행동을 줄이고 지금보다 더 건강한 삶을 사는 데 있습니다. 그래서 자기 성격의 긍정적인 측면을 강화하고 부정적인 측면을 개선하는 방법을 배웁니다. 물론 업무를 효과적으로 할 수 있는 방법에 대한 것뿐만 아니라 사람들의 성격을 이해함으로써 소통하고 팀워크를 향상하여 데도 유용합니다. 실제로 저는 성격을 알아가면서 삶의 여러 측면에서 많은 도움을 받았습니다. 성격 강의 콘텐츠도 본인의 변화를 말해주는 사례를 찾습니다.

예전의 저는 친구와의 관계 문제에 많은 에너지를 쏟았고 고민이 깊었습니다. 친밀한 관계를 원했지만 사이가 멀어지는 친구가 있었어요. 맞지 않는 친구와 어울리는 과정에서 에너지 소모가 컸고, 즐겁지도 않았습니다. 성격에 대한 공부는 이를 해소하는 데 많은 도움이 됐습니다. 먼저 저의 타고난 성격이 친화적이지 않다는 사실을 알게 된 것입니다. 친화적이지 않은 성격이 틀린 것이 아니라 다르다는 관점으로 인식하게 됐습니다. 이로 인해 마음의 짐을 상당 부분 내려놓게 됐고, 나만의 대인관계 스타일을 구축할 수 있는 계기가 됐습니다. 부자연스럽고 억지스러운 행동을 줄일 수 있었던 것이죠. 마음이 잘 맞는 몇몇 친구들과 더 깊은 관계를 맺게 되었습니다.

성격은 업무에서도 유용했습니다. 타고난 내향적인 성격으로 인해 다른 사람과의 긴 회의보다 혼자 집중하는 편이 업무 처리에 도움이 된다는 사실을 깨달았습니다. 아이디어가 즉각적으로 떠오르는 타입이 아니라 시간과 노력이 필요하여 천천히 구상해야 하는 사람이라는 것도 알게 되었죠. 대화하며 생각을 다듬는 것보다 글로 적거나 이미지로 표현하며 생각을 다듬는 걸 선호합니다. 그래서 동료나 상사에게 시간이 필요하다는 요청을 할 수 있게 되었고, 즉각 아이디어가 떠오르지 않는다고 해서 자책하거나 무능력하다는 생각을 가지지 않게 되었습니다.

저의 경험을 통해 자신의 성격이 어떤지 알아야 할 필요가 있고 어떤 부분에서 유용하고 도움이 되는지 설명합니다. 강의의 필요성에 대한 콘텐츠로 자신의 변화보다 더 좋은 콘텐츠는 없어요. 특정 연구나 뉴스를 인용하는 것보다 훨씬 더 가깝고 실제적입니다.

(3) 강점 사례

강점은 사람이 가진 재능에 지식과 기술이 더해진 특성을 말합니다. 진정한 강점을 구축하기 위해서는 자신의 가장 뛰어난 재능을 발견하고 지식과 기술을 통해 다듬어나가야 합니다. 강점을 개발하고 활용하면 업무 성과를 높일 수 있고 그에 따른 만족감도 커질 수 있습니다. 단기간 내의 결과만을 생각하는 것이 아니라 지속적으로 할 수 있느냐 없느냐를 판별하는 기준이 되기도 합니다.

아마 많은 사람들이 강점에 대해서 들어본 적이 없을 겁니다. 생소한 개념이죠. 저 역시 강점을 알지 못했습니다. 그래서 일을 할 때 제가 잘할 수 있는 방식을 몰랐습니다. 그래서 바쁘기만 했지 효율적이지도 않았고 성과도 좋지 않았어요. 성장한다고 느끼기도 어려웠습니다.

우연히 책 [스트렝스 파인더]를 읽고 강점을 알았습니다. 진단하니 저의 재능은 최상화, 심사숙고, 수집이라고 나왔습니다. 최상화는 현재의 것을 더 나은 것으로 만들고자 하는 마음입니다. 심사숙고는 시간을 들여 여러 요소들을 확인하고 판단하는 것이며, 수집은 각종 자료를 모으고 분류하는 재능입니다. 이러한 재능에 지식과 기술이 더해지면 강점이 됩니다. 재능을 강점으로 만들기 위해서 관련 지식을 학습하고, 기술적으로 능숙해질 수 있도록 반복된 작업이 필요합니다.

이후로 강의 콘텐츠를 만들 때 강점을 활용하기 시작했습니다. 초안을 완벽하게 만드는 데 집중하기보다 부족한 초안을 수정 보완하는 작업에 집중하는 것으로 최상화 재능을 발휘했습니다. 이를 위해 부족한 점을 찾아내기 위한 체크리스트를 만들고 수정과 보완 작업을 빠르게 할 수 있는 방법을 고민했어요. 그리고 심사숙고 재능을 발휘하는 방법으로 집중할 수 있는 장소와 시간대를 정했습니다. 효율적으로 자료를 수집하기 위해서 몇 개의 플랫폼을 정했고 즉시 자료를 정리하는 저만의 방식을 정립했습니다. 강점을 기반으로 업무 방식을 바꾼 것이죠. 업무가 훨씬 편해졌고, 성과도 좋아졌습니다.

이런 과정을 거치면서 저는 강점을 알고 개발하여 활용하는 것이 무엇보다 중요하다는 확신을 가지게 되었습니다. 그래서 자신 있게 강점을 소개하고 강조합니다. 강점의 필요성과 강점을 어떻게 개발하고 활용할지를 제 경험을 통해 설명합니다. 이어서 자기 탐색과 진단을 통해 강점의 씨앗이 되는 재능을 발견합니다. 마지막으로 자신의 업무에 대입하여 어떻게 활용하면 좋을지 아이디어를 모읍니다. 저는 강점이 명사가 아니라 행동하는 동사로서 활용해야 한다고 강조합니다. 그래서 강점을 활용하기 위한 실천 목록을 작성하는 시간을 꼭 가집니다.

강사의 경험이 중요하다고 해서 특별한 경험을 하기 위해 고민할 필요는 없습니다. 특별한 경험이 꼭 좋은 강의 콘텐츠가 되는 것이 아니기 때문입니다. 바닥부터 시작해서 결국엔 성공했다는 이야기가 있어야 탁월한 강사가 되는 것이 아닙니다. 변화를 위해 강사가 세상 모든 일을 경험할 필요도 없습니다. 생각할 거리가 있고, 크든 작든 성취를 이뤄낸 이야기라면 충분합니다. 결과보다 과정이 더 중요한 경우도 많습니다. 성공보다 실패에서 더 많이 배울 수 있는 경우도 있습니다. 학습자의 변화를 이끌어내는 것이 강사의 경험에 있지 않다는 사실을 기억해야 합니다. 학습자가 정말 원하는 것은 강사의 이야기가 아니니까요.

핵심은 나의 경험 사례를 보편적으로 적용할 수 있도록 만드는 것입니다. 사례는 학습자가 공감할 수 있고, 영감을 얻을 수 있고, 삶의 지혜를 깨달을 수 있는 힌트가 되면 됩니다. 그래서 최대한 객관적으로 설명해야 합니다. 이를 놓치면 학습자가 실제 도움을 받기가 어렵습니다. 변화를 위해 강사가 어떤 노력을 했는지 정리해봅니다. 무엇을 공부했고, 누구를 만났고, 어떤 활동을 했는지 스스로 질문합니다. 이 질문들은 그대로 학습자에게 할 수 있는 질문이 됩니다. 강사가 겪었던 과정을 학습자도 함께 체험할 수 있도록 만드는 것이죠. 강사와 학습자가 함께 '과거의 나'와 '현재의 나'에 대한 이야기를 시작합니다. 과거와 현재를 비교해서 어떤 부분들이 달라졌고, 무엇이 유효했는지 살펴봅니다. 명심하세요. 평범한 사람이 평범한 환경에서 평범한 노력으로 만들 수 있는 변화가 좋은 콘텐츠입니다.

2. 경험 사례를 만드는 방법

강사가 겪은 경험은 전문가로서 자신의 역량을 뒷받침하는 근거이며, 이는 학습자가 믿고 배울 수 있도록 신뢰성을 높여줍니다. 또한 경험의 과정에서 얻은 통찰은 그 경험이 성공했든 실패했든 유익한 시사점을 학습자에게 제공합니다. 그래서 세계 여행을 가거나, 억대 연봉을 받거나, 나이가 많아서 할 수 있는 경험이 아니라 진솔하게 자신의 일과 삶에서 우러나오는 경험이 중요합니다.

경험 사례를 어떻게 만들 수 있을까요? 먼저 할 수 있는 방법은 주제에 대한 질문을 자신에게 먼저 던지는 것입니다. 주제가 스트레스 관리라면 할 수 있는 질문입니다.

"내가 받았던 스트레스는?"
"현재 나의 스트레스는?"
"스트레스가 심할 때 나의 모습은?"
"스트레스의 원인은?"
"스트레스를 해소하는 나의 방법은?"
"스트레스를 현명하게 대처했던 경험은?"
"스트레스를 느끼지 못했던 경험은?"

수많은 질문을 할 수 있습니다. 대부분의 강의 콘텐츠는 이렇게 질문하고 대답하면서 만듭니다. 질문 자체가 콘텐츠가 되기도 합니다. 좋은 질문은 학습자를 자극합니다. 대답만 있는 강의보다 좋은 질문이 있는 강의가 더 흥미롭고 유익할 수 있습니다.

경험을 만들 수 있는 질문은 하면 할수록 다양해지고 깊어지겠지만 기본적으로는 10개의 테마에서 출발합니다. 일상적인 행동인데 평소에는 무심코 지나치지만 주의하면 강의 콘텐츠를 발견할 수 있습니다.

① 행동한 것 ② 말한 것 ③ 들은 것 ④ 산 것 ⑤ 본 것
⑥ 읽은 것 ⑦ 배운 것 ⑧ 만난 사람 ⑨ 느낀 감정 ⑩ 생각한 것

스트레스 관리를 주제로 강의를 만들 때 당장 저부터 스트레스를 관리하고 해소하지 못하는 아이러니를 경험했습니다. 그래서 열 가지 테마에 맞춰서 저부터 어떻게 스트레스를 관리하고 해소하는지 돌아봤습니다. 지난 몇 년간의 흔적에서 스트레스와 관련된 경험을 찾았습니다.

(1) 강의를 준비할 때는 힘들지만 강의를 하고 있을 때, 강의를 끝낸 후에는 스트레스가 사라지고 뿌듯하고 만족감이 남았다.

(2) 만화책 전집을 샀다. 오래전부터 읽고 싶었고 소장하고 싶었던 만화책이었다. 포장을 뜯으며 밤새 읽는 즐거움을 느꼈다.

(3) 혼자 여행을 갔다. 가고 싶었던 장소를 방문하는 즐거움이 있었지만 혼자라서 느낀 외로움과 심심함이 컸다.

(4) 농구 대회에서 준우승을 하고 상금과 트로피를 받았다. 오랜 시간 동료들과 훈련하며 이뤄낸 성과라 기뻤다.

(5) 스터디 모임을 운영했다. 새로운 사람을 만나서 공부하는 배움의 시간이었다. 하지만 준비하는 과정이 쉽지 않았고, 지속적으로 운영하는 데 어려움이 있었다.

(6) 보드게임을 구매하고 사람들과 보드게임을 즐겼다. 새로운 보드게임을 익히는 배움의 즐거움이 지속적으로 이어졌고, 친구들과 시간 가는 줄 모르고 게임에 몰입했다.

(7) 콘솔 게임기를 구매했다. 한동안 어렸을 때부터 좋아했던 게임을 실컷 할 수 있었지만 일을 하는 동안에는 게임할 시간을 내기 어려워졌다.

(8) 강사 모임에 참석했다. 비슷한 고민을 가지고 있는 사람들과의 만남에서 위로를 얻었다. 활동하는 모습을 보며 자극을 얻었고, 배울 점도 많았다.

(9) 등산을 하거나 홈 트레이닝을 했다. 꾸준히 운동을 하는 것은 쉬운 일이 아니다. 일이 바빠져서 놓치기도 하고, 컨디션 저조나 의욕 하락으로 미루는 경우가 생겼다.

(10) 친구들과 여행을 떠났다. 짧은 시간이었지만 동심으로 돌아간 순간이었다. 함께 운동하고 게임하고 이야기를 나누며 즐거움을 만끽했다. 1년에 한 번 정도 할 수 있다.

스트레스 해소와 관련된 경험들을 나열했습니다. 이 작업을 할 때는 질보다 양이 중요합니다. 완성도가 높은 경험이 아니라 떠오르는 모든 경험을 적습니다. 콘텐츠를 찾을 때는 항상 최대한 많이 찾아야 좋다는 걸 기억하세요. 여기서 강의로 활용할 수 있는 콘텐츠가 무엇인지 골라냅니다. 이를 구별하는 건 핵심 단어입니다. 어떤 핵심 단어로 강의 콘텐츠를 만들 것인가에 따라 활용할 수 있는 사례가 구분됩니다. 직장에서 스트레스를 해소하는 방법과 직장 외에서 스트레스를 해소하는 방법은 다릅니다. 큰 비용과 노력을 투자해야 가능한 방법이 있고, 일상에서 소소한 비용과 노력으로 할 수 있는 방법이 있습니다. 누구에겐 어려운 방법이 있고, 쉬운 방법이 있습니다. 어떤 핵심 단어를 생각했는가에 따라 활용하는 사례가 달라집니다. 자신의 경험을 나열했다면 핵심 단어에 맞는 사례를 찾으면 됩니다.

경험들을 감정으로 엮었습니다. 스트레스를 해소하는 순간 느꼈던 감정들이 있습니다. 즐거움, 편안함, 행복감, 만족감 등입니다. 이런 감정들을 자주 느낄수록 스트레스가 줄어들고 조절할 수 있는 일상이 됩니다. 만화책을 사고, 운동을 하고, 여행을 가고, 모임에 참석하고, 보드게임을 하는 여정을 통해 알게 된 저만의 방법입니다. 이 방법을 찾기까지 스스로에게 질문했던 거죠. '언제', '어디서', '누구와', '무엇을'에 대한 질문입니다. 이 질문들을 학습자에게 그대로 전달합니다. 결과를 공유하는 것이 아니라 과정을 공유하는 것이죠. 자기에게 맞는 스트레스 해소 방법을 찾도록 돕는 콘텐츠입니다.

경험 사례를 이용해 강의 콘텐츠 만들 때 생각해야 하는 기준이 있습니다. 핵심 단어를 놓치지 않고 흐름을 구성하는 데 필요합니다.

첫 번째 기준은 시간입니다. 말 그대로 시간이 흘러간 순서대로 설명합니다. 가장 오래전 과거부터 현재까지의 과정이죠. 성장하고 발전하는 모습을 보여주기에 적합한 흐름입니다. 변화에 따라 달라진 점을 설명하기에도 좋습니다.

두 번째 기준은 공간입니다. 공간의 변화는 환경의 변화이기도 합니다. 공간을 바꾸면서 가능해지는 이야기가 있습니다. 물리적인 환경도 있지만 인간관계의 변화도 찾을 수 있습니다.

세 번째 기준은 난이도입니다. 쉽게 시작하여 점점 더 어려워지는 흐름입니다. 할 수 있다는 도전 정신을 자극하고 싶을 때 적용할 수 있습니다. 작은 도전으로 만든 변화에서 점점 더 큰 성취와 변화를 보여줄 수 있습니다.

가장 쉬운 방법은 시간을 생각하는 방법입니다. 경험 사례 자체가 시간을 포함하고 있기 때문입니다. 핵심 단어를 생각해서 경험을 선별한 뒤 이를 시간 순서로 나열합니다. 한 가지 주의할 점은 시간 순서만 생각하면 안 됩니다. 학습자는 강사의 일기장에는 아무런 관심이 없습니다. 정리하는 기준이 시간 순서일 뿐 교육 시사점을 찾아야 합니다. 변화에 대한 비결이나 장애물을 극복하고 성장한 지혜가 있어야죠. 경험을 통해서 알게 된 점, 느낀 점, 배운 점 등 적용할 가치가 있는 부분들을 생각해야 합니다. 핵심 단어를 놓치지 않는 것이 핵심입니다.

연 습 하 기

주제를 정해서 생각하면 경험을 떠올리기 쉽습니다. 처음엔 강의 콘텐츠로 활용해야 한다는 생각보다 재미있거나 유쾌하거나 의미가 있거나 오래도록 기억에 남아 있는 경험을 정리하는 편이 쉽습니다. 강의 콘텐츠로 각색하는 건 그 이후입니다.

주제	경험 내용	배운 점 / 느낀 점	연결할 핵심 단어
기억에 남는 일			
기억에 남는 사람			
매일 반복하는 경험			
성공 경험			
실패 경험			

경험을 강의 콘텐츠로 활용할 때 생각해야 하는 건 핵심 단어입니다. 핵심 단어와 자연스럽게 연결되느냐 안 되느냐가 관건입니다. 또 가만히 생각해보면 하나의 경험이 하나의 핵심 단어를 내포하고 있지 않습니다. 여러 핵심 단어를 의미하고 있을 겁니다. 적절하게 활용하면 됩니다.

조금 더 드라마틱한 전개를 하고 싶다면 대본을 적고, 연습해보세요. 스토리 자체가 가지는 힘이 있지만, 단어와 문장, 표정, 말투, 말의 속도, 동작이 가지고 있는 힘도 큽니다.

3. 강사의 생각이 중요한 이유

리더십, 커뮤니케이션, 진로, 인문학, 문제 해결, 갈등, 세일즈, 협상, 조직문화, 직업윤리 등 정말 많은 강의 주제가 있습니다. 강사가 모든 주제를 경험 기반으로 강의하는 것은 불가능하죠. 생각은 경험으로 접근할 수 없는 영역을 해결해줍니다. 사색하고 고민하는 과정에서 강의 콘텐츠를 만들 수 있습니다. 주제와 메시지, 학습자에 대해서 생각하는 것이죠. 경험은 한계가 명확하지만 생각은 한계가 없습니다. 생각을 얼마나 깊이 했는지에 따라 강의 퀄리티가 달라질 수 있습니다.

저는 깊은 생각, 색다른 생각을 섹시하다고 표현합니다. 섹시한 생각에 대해서 생각하게 된 계기는 [까칠남녀]라는 TV 프로그램이었습니다. 남녀 사이에 일어날 수 있는 일에 대해서 이야기를 나누는데, 제가 시청한 날의 주제는 여자 친구의 원치 않는 임신에 대해서였습니다. 여자 친구가 뜻하지 않게 임신해서 남자 친구에게 말했을 때, 남자 친구가 어떻게 반응하면 좋을지에 대한 인터뷰였죠. 세 명의 남자(A, B, C)가 인터뷰를 진행했습니다.

A: 일단 멘붕이 올 것 같아요. 와... 일단 이거 어떡하냐, 큰

일 났다. 이렇게 생각할 것 같아요.

B: 머릿속이 백지 상태가 될 것 같아요. 막연한 채가 되는 거죠. 막연한 채로 되새김만 하는 거죠. 어떡하지, 어떡하지, 어떡하지....

저는 일반적인 반응이라고 생각했습니다. 낙태하라고 종용하거나 책임을 회피하지 않는 모습이 평범하면서 최선의 태도라고 생각했죠. 남자라면 대부분 비슷한 생각을 했을 겁니다. 여자 친구에게서 생각지 못한 임신 소식을 들었다면 당황하고, 놀랍고, 걱정에 휩싸일 겁니다. 생각만 해도 등에서 식은땀이 날 것 같습니다.

그런데 C는 전혀 다른 생각을 말합니다.

C: 일단 그 얘기를 듣고 멘붕을 하는 것부터가 상처라고 보거든요. 멘붕을 하면 안 되죠. 왜냐하면 그건 무슨 의미냐면 '얘는 그동안 나의 임신 가능성에 대해서 한 번도 생각해보지 않은 거야?' 이걸 증명해주는 거거든요. 문제는 성교육 시간에 아빠 얘기는 안 나와요. 낙태 얘기를 하면 엄마랑 아기만 나왔지, 정자를 제공한 누군가, 남자가 있을 텐데 그 얘기는 안 나오는 거죠…(중략) 남자는 성관계를 하고 나서 불안해하지 않아요. 남자가 불안해하는 경우는 두 줄이 뜨고 나서 불안하단 말이에요. 그런데 여자의 불안은 24시간 돌아가요. 관계를 같이 했으면 그 이후 다음 생리를 할 때까지, 임신이 아니라는 걸 확인할 때까지 불안을 함께해줘야 되는 게 맞는 거예요. 남자는 당사자가 아니에요. 낙태에 대해서 남자는 당사자가 아니기 때문에 말할 수가 없어요, 이렇게 밖에 말할 수 없는 거죠. 정말 평소에 대화를 하고, 평소에 생각을 하고, 관계를 하기 전에도, 하고 나서도 같이 끊임없이 고민해야 하는 지점이라고 생각해요.

어떤가요? C의 말에 대부분의 사람들이 무릎을 탁 치면서 공감합니다. "와, 어떻게 저런 생각을 하지?"라는 반응이었죠. 저는 C의 생각이 정말 진심으로 섹시하다고 생각했습니다. 저 역시 이렇게까지 상대방을 생각하지 못했습니다. MC인 박미선 님이 중간에 이렇게 말합니다.

"저분 여자 아니죠? 남학생이죠?"

섹시한 생각이 공감을 이끌어냅니다. C가 여자 친구의 입장을 진심으로 이해하고 공감하며 말하니 여자라고 오해 받을 정도입니다. 단순히 경험만으로 나오는 것이 아니라 진심을 다해 상대방을 생각했기 때문입니다. 심리학자 칼 로저스는 상담에서 '공감적 이해'를 강조했는데, 저는 핵심은 공감이 아니라 이해라고 생각합니다. 이성적으로 상대방을 이해하는 것이죠. 감정, 환경, 처지, 배경, 생각, 행동 등을 이해할 때 공감이 일어난다고 생각합니다. C가 경험으로 이끌어낼 수 없는 공감을 생각으로 이끌어냈을 때 진심으로 섹시하다고 느꼈습니다. 경험은 자신을 이해하는 수단이라면 생각은 타인을 이해하는 방법입니다.

섹시한 생각을 하고 계신가요? 강사의 생각은 다른 사람들보다 더 섹시해야 합니다. 강의를 하는 것, 누군가의 앞에서 말을 하는 직업을 가지고 있으니까요. 학습자가 이해 받고 공감하는 섹시한 강의를 해야 합니다. 강사의 생존 법칙입니다. "저 강사는 어떻게 이렇게 잘 알지?", "우리와 같이 지냈나?"라는 반응이 나와야 하죠. 단순히 경험만으로 이끌어낼 수 없습니다. "내가 이거 다 해봤어"라는 말이 가지는 거부감을 잊지 않아야죠. 같은 경험을 겪었어도 사람마다 느끼고 생각하는 것이 다릅니다. 생각 없이 흘려보낼 수도 있습니다. 그래서 생각의 끈을 놓지 않도록 노력해야 합니다. 박미선 님이 C의 인터뷰를 다 듣고 말을 덧붙였습니다.

> "남자분들의 이야기 중에 제일 기억에 남았던 부분은 성관계 이후에는 불안하지 않고, 두 줄이 뜨고 난 다음에 불안해한다는 말이 인상 깊었어요."

강의가 끝난 후 학습자의 가슴에 무엇을 새길 수 있을까요? 진정한 변화는 겉이 아니라 속에서 일어나야 합니다. 저는 이를 위해서 강사의 생각이 섹시해야 한다고 주장합니다. "지금 나의 생각이 섹시한가?"

무엇을 생각해야 하는지는 모르지만 어떻게 생각을 할 수 있는지에 대한 방법은 소개할 수 있습니다. 쿠퍼실리테이션 대표이신 구기욱 님이 개발한 DVDM이라는 도구입니다. D(Definition)는 정의입니다. 핵심 단어를 떠올려 보세요. 핵심 단어의 정의는 무엇인가요? V(Value)는 가치입니다. 핵심 단어가 중요한 이유는 무엇인가요? D(Difficulty)는 어려움입니다. 핵심 단어를 실행하거나 적용하기 어려운 이유는 무엇인가요? M(Method)은 방법입니다. 어떻게 하면 어려움을 해결하고 핵심 단어를 실행할 수 있을까요? 정의부터 방법까지 순서대로 생각을 이어가는 방법입니다.

머리로만 생각하는 것보다 직접 적어보는 것이 낫습니다. 그리고 누군가와 대화를 나누면서 생각이 단단해집니다. 강사는 계속 말을 하는 직업이니까 생각이 단단해지는 데는 문제없습니다. 생각하고 정리하고 말하고 다시 생각하고. 이렇게 순환하면서 생각이 정리됩니다. 모두 섹시한 강사가 되자고요.

4. 생각으로 만든 사례

사실 생각은 실제로 어떤 행동을 하는 것입니다. 정리하거나 분류하거나 분석하거나 재구성하는 행동이죠. 누군가의 질문에 답변을 함으로써 자신의 생각을 정리할 수도 있고, 스스로 질문하고 대답을 찾는 과정에서 생각이 깊어지기도 합니다. 다른 사람의 생각에 덧붙이거나 반론을 제기하는 방법도 유용하죠. 그러다 보니 100% 순수한 자기 생각은 없다고 보는 것이 맞습니다. 자신은 거인의 어깨 위에 올라탔을 뿐이라는 뉴턴의 말과 동일합니다. 생각의 핵심은 기존 지식에서 자기만의 관점이나 의견을 만들어가는 것입니다. 제가 생각으로 만든 사례를 소개합니다.

오랜 고민 중 하나는 인문학 강의의 필요성에 대한 콘텐츠입니다. 학습자가 인문학을 배우면 성공할 수 있는지, 밥 벌어 먹을 수 있는지에 대해 의문을 표현하면 곤란함을 느꼈습니다. 명확한 답변이 떠오르지 않았기 때문이었죠. 애초에 강의 자체를 심드렁하게 대하는 학습자도 있습니다. 당장의 고단함에 지쳐 있기 때문이었을 거라 생각합니다. 고작 두세 시간 강의가 얼마나 효과가 있을까에 대한 의구심에 괴로웠습니다.

어떻게 학습자를 설득해야 할까요? 강의를 시작할 때 가장 중요한 과정입니다. 강의 성공 여부를 결정짓는다고 해도 과언이 아닙니다. 설득을 성공하기 위해 다양한 방법이 있겠지만 제가 즐겨 사용하는 콘텐츠는 자기 탐색입니다. 인문학에 대한 강의가 필요한 이유를 설명하는 콘텐츠입니다.

출발은 '돈(Money)'입니다. 문제가 돈에 있기 때문입니다. 현재 나의 상황을 구분할 수 있는 4가지 보기를 제시합니다. 자신이 어디에 해당되는지 생각하면 됩니다. 아래 보기 중에 한 번 골라보세요. 강의할 땐 학습자가 난감해할 수 있기 때문에 마음속으로 생각하라고 합니다. 4가지 보기를 보여드리겠습니다.

(1) 돈도 없다
(2) 돈은 없다
(3) 돈은 많다
(4) 돈도 많다

몇 번을 고르셨나요? 만약 4번이라면 당당하게 밝히셔도 됩니다. 굳이 강의를 들을 필요가 없는 분이십니다. 모든 사람들은 4가지 보기 중 하나에는 해당될 겁니다. 자신에게 해당하는 하나를 고르셨을 겁니다. 4가지 보기는 두 개의 기준으로 구분됩니다. 바로 삶(LIFE), 그리고 생활(LIVING)입니다.

사람은 누구나 삶과 생활의 측면을 가지고 있습니다. 삶은 정신적인 측면을 말합니다. 친구와의 우정, 사랑하는 마음, 열정, 용기, 양심처럼 보이지 않는 영역이죠. 생활은 물질적인 측면을 말합니다. 가지고 있는 재산, 세끼 식사, 직업, 월급 같은 영역입니다. 4가지 보기는 현재를 삶과 생활을 기준으로 구분한 내용입니다. 그러면 각 보기에 대한 내용을 자세히 알아보겠습니다.

(1) 돈도 없다

'돈도 없다'는 삶이 힘들고 생활도 힘들다는 의미입니다. 정신과 신체 모두 고단한 상태를 의미합니다. 당장의 생활이 어려워 걱정이 많은데 도움을 요청할 지인도 없고, 어려움을 하소연할 친구도 보이지 않습니다. 스스로도 이를 극복할 에너지가 고갈된 상태일 겁니다. 이 경우 삶과 생활 모두 타개할 방법이 필요하죠. 교육일 수도 있고 제도일 수도 있고 직접적인 도움일 수도 있습니다.

(2) 돈은 없다

'돈은 없다'는 삶은 괜찮은데 생활이 힘들다는 의미입니다. 현재는 힘들지만 희망을 가지고 있고, 최선을 다해 살겠다는 건강한 정신을 지니고 있습니다. 친구로부터 얻는 위로와 응원이 있을 수 있고, 자신의 삶 자체에 대한 만족도가 높은 상태입니다. 다만 생활적인 측면, 경제적인 측면에서의 곤란함을 느끼고 있습니다. 직업과 일에 대한 만족도는 높을 수 있지만 월급이 적다든지, 주거 문제나 빚에 대한 문제로 어려움을 가지고 있는 상태입니다. 여기에 속하는 사람에게는 실제적인 도움이나 경제나 직무와 관련된 교육이 필요합니다.

(3) 돈은 많다

'돈은 많다'는 삶이 힘들고 생활은 괜찮다는 의미입니다. 먹고사는 일에는 문제가 없지만 공허함, 외로움, 무료함, 우울함, 허무함과 같은 감정들로 인해 삶이 힘든 상태입니다. 사람은 사회적인 동물이라 누군가로부터 받는 사랑, 인정이 필요한 존재죠. 이 부분이 충족되지 않으면 한없는 갈증을 느낄 수 있습니다. 또한 자신을 아끼고 소중하게 여기는 자존감이나 자기애가 부족할 수도 있습니다. 이런 부분은 생활이 나아지는 것과는 별개의 문제입니다.

(4) 돈도 많다

사람이 살면서 궁극적으로 추구하는 목표는 '돈도 많다'의 상태입니다. 돈이 없는 삶을 원하지 않는 것은 당연한데 그렇다고 돈만 많은 삶을 바라지도 않습니다. 삶도 좋고 생활도 괜찮은 인생이 되길 원합니다.

'돈도 많다'는 말을 교육적으로 바꿔 말하자면 '몸과 마음이 건강한 삶'입니다. 생활의 풍족함은 몸의 건강으로 이어지며, 삶의 만족감은 마음의 건강함으로 이어집니다. 행복을 정의하는 말이자 인생의 목적이라고 볼 수 있습니다.

강의는 '몸과 마음이 건강한 삶'이라는 목적을 달성하기 위한 수단입니다. 삶의 힘든 점과 생활의 고단한 점을 해결할 수 있도록 돕는 도구입니다. 대부분의 사람들은 생활의 고단함을 해결하기 위해 많은 노력을 합니다. 열심히 재테크를 공부하고 주식을 사거나 부동

산에 투자합니다. 큰 위험을 감수하면서까지 도전을 마다하지 않습니다. 자신의 실력을 키우기 위해 직무와 관련된 공부를 하는 것도 마찬가지입니다. 창업을 하거나 트렌드를 알기 위해 4차 산업이나 인공지능에 대한 책을 읽고 강의를 듣습니다. 모두 더 나은 생활을 위한 노력입니다.

그런데 삶이 힘들다면 어떻게 해야 할까요? 사람들은 생활의 고단함을 해결하기 위해서는 많은 노력을 하면서 삶의 문제는 대수롭지 않게 생각하며 내버려 둡니다. 마음의 문제에 대해서는 쉽사리 "참고 견뎌라"라고 말합니다. 사실 올바른 방법이 아닌데도 말이죠. 생활의 경우와 마찬가지로 삶의 문제를 해결하기 위해서도 많은 노력이 필요합니다. '몸과 마음이 건강한 삶'을 위해서는 몸과 마음 둘 다 관심을 가지고 나아질 수 있도록 애써야 합니다.

삶의 힘든 점을 해결하기 위한 다양한 방법들이 존재합니다. 행복도 공부해야 한다는 사실을 받아들이고 행복해지기 위해 많은 노력이 필요하다는 사실을 깨달아야 합니다. 또 자신의 감정을 포착하고 정확하게 표현하는 것도 배워야 합니다. 사람과 사람 사이의 관계에 대해서도 공부가 필요합니다. 누군가와 대화를 하는 방법, 상대방을 이해하는 방법 역시 그렇습니다. 나와 상대를 알고 이해하는 데 걸리는 시간과 노력은 결코 생활의 문제를 해결하는 데 들이는 수고로움보다 적지 않습니다. 심지어 삶의 어떤 문제는 평생 걸려도 완전히 해결하지 못할 수도 있습니다. 삶에 대한 배움과 학습, 끊임 없는 노력, 그 과정 자체가 의미 있을 때도 있습니다. 핵심은 시간이 지난다고 삶의 문제가 저절로 해결되지 않는다는 사실입니다. 자신과 상대방을 이해하고 소통하기 위해서는 재테크를 공부하는 것처럼 인문학을 공부해야 합니다.

오랜 시간 행복, 소통 주제로 강의 콘텐츠를 만들고 강의를 하면서 왜 이런 주제를 배워야 하는지 스스로 물었습니다. 이런 걸 배우면 성공할 수 있느냐, 돈 많이 벌 수 있느냐는 의문에 대한 대답을 하고 싶었죠. 물론 여러 심리학자가 말하는 중요성도 있고, 삶에서 꼭 필요한 부분들이 있다는 걸 강조하는 강사나 동기부여가도 많습니다. 그래도 저는 저만의 색깔로 콘텐츠를 만들고 싶었죠.

"인문학을 배우면 밥이 나오진 않지만, 밥을 더 맛있게 먹을 수 있게 해준다."

[여덟 단어]와 [책은 도끼다]로 유명한 박웅현 님은 "왜 인문학을 배워야 하는가"의 질문에 이렇게 답하셨습니다. 이렇게 깔끔하게 설명하시니 감탄이 절로 나옵니다. 제가 열심히 돈으로 설명한 것보다 백배는 훌륭한 통찰이라고 생각합니다. 생각의 끝에는 통찰이 기다리고 있습니다. 이렇게 멋진 답을 내기 위해 계속 생각하고 공부해야 한다고 생각합니다. 강사의 생각이 가장 탁월한 강의 콘텐츠입니다.

5. 사례를 찾을 수 있는 16가지 분야

다다익선, 사례는 많을수록 좋습니다. 강사의 경험과 생각은 좋은 콘텐츠지만 이것만으로 충분하지 않습니다. 학습자가 흥미를 가지고 몰입하게 만드는 다양한 사례가 필요합니다. 또한 객관적인 근거를 갖추고 설득력을 높이기 위한 사례를 찾을 필요도 있습니다.

사례를 찾기 위해 무작정 인터넷을 검색하는 방법은 효과적이지 않습니다. 시간을 낭비할 가능성이 큽니다. 강의를 위한 사례는 누군가의 이야기나 흥미로운 사건이 아니라 핵심 단어를 설명하고 메시지를 담고 있어야 하기 때문입니다. 메시지와 사례가 즉각 연결되는 경우는 드뭅니다. 차분히 시간을 들여 사례를 정리하고 생각을 다듬는 과정이 필요합니다. 그래서 사례를 찾는 기본 방법은 평소에 꾸준히 수집하는 것입니다. 신문, 뉴스를 구독하거나 책을 읽거나, 다른 사람의 강의에서 수집합니다. 직접 사진을 찍기도 합니다. 그럼에도 불구하고 당장의 강의를 준비하기 위해 사례를 찾아야 하는 경우도 있지만요.

평소에 수집하든지 긴급하게 찾든지 어디에서 찾아야 하는지 알고 있는 건 도움이 됩니다. 하루 종일 노력해도 적합한 사례를 찾지 못할 때가 있고, 10분 만에 좋은 사례를 찾을 수도 있는데 '어디에서' 찾을 것인가를 알아야 시작할 수 있습니다. 무엇을 사례로 건지 게 될지는 모르지만 어디에 낚싯대를 드리워야 할지는 알려드리려 고 합니다. 게임, 과학, 광고, 뉴스, 다큐, 드라마, 만화, 미술, 사람, 사진, 스포츠, 역사, 영화, 예능, 자연, 철학 16가지 분야를 소개합니 다. 어느 분야에 관심을 가지고 계신지 몰라서 전부 준비했습니다. 더불어 제가 찾은 사례도 알려드립니다.

(1) 게임

4대 사회악으로 지정됐던 게임이지만 지금은 게이미피케이션이라 는 분야로 급부상하고 있습니다. 밀레니얼 세대가 익숙하고 좋아할 수밖에 없는 분야이기 때문에 학습자에 따라 관심을 끌 만한 사례가 많이 있습니다.

·강점 분석하기 (게임)

코에이사에서 만든 삼국지 게임이 있습니다. 삼국지 소설의 인기 도 많지만, 코에이 삼국지 역시 20년이 넘는 세월 동안 수많은 팬을 거느린 게임 시리즈입니다. 플레이어는 유비, 관우, 장비 3형제와 조 조, 제갈량, 조운 등 이름만 들어도 알 만한 영웅들을 조작하여 천하 통일을 이루기 위해 다양한 활동을 합니다. 게임 속 인물들은 5가지 종류의 능력을 지니고 있습니다. 통솔, 무력, 지력, 정치, 매력입니 다. 0~100점의 수치로 인물의 능력을 보여줍니다. 이를 통해 통솔, 무력이 뛰어난 장수인지, 지력, 정치, 매력이 뛰어난 참모인지 알 수 있습니다. 플레이어는 더 뛰어난 능력을 가진 인물을 등용해서 자기

나라를 강하게 만듭니다. 캐릭터의 능력이 어느 정도인지 알 수 있고, 어떤 능력을 집중해서 개발할지, 어떤 직업을 선택해야 하는지 척도가 됩니다. 삼국지뿐만 아니라 다른 많은 게임에서도 활용하는 게임 방식입니다.

게임이 발전하면서 이 방식은 더욱 세밀해지고 정교해졌습니다. 최신 축구 게임 풋볼매니저는 선수의 능력을 수십 가지 목록으로 나타냅니다. 개인기, 골 결정력, 드리블, 볼 트래핑, 일대일 마크, 장거리 스로인, 중거리 슛, 코너킥, 크로스, 태클, 패스, 페널티킥, 프리킥, 헤딩, 위치 선정, 대담성, 리더십, 승부욕, 예측력, 적극성, 집중력, 창조성, 천재성, 팀워크, 판단력, 활동량, 균형 감각, 몸싸움, 민첩성, 순간 속도, 점프력, 주력, 지구력, 체력, 컨디션 조절 등 축구 경기에서 발생하는 모든 상황에 대한 능력을 수치화했습니다.

재미있게도 이 방식을 현실 야구에서도 찾아볼 수 있습니다. 세이버 매트릭스라는 프로그램을 통해 선수의 모든 능력을 수치로 표현하여 더 좋은 선수를 선발하거나 타격 순번을 정하거나 특정 상황에 적절한 선수를 투입합니다. 현대사회가 세분화되고 각자의 역할이 정교해질수록 자신의 강점을 명확하게 알고 활용해야 한다는 사실을 보여줍니다. 종합적인 능력보다 하나의 특별한 강점을 요구하는 사회가 됐습니다.

삼국지와 풋볼매니저 게임을 비교해보면 우리는 자기 강점을 상세하게 분석할 수 있다는 사실을 알 수 있습니다. '성실합니다', '대인관계를 잘합니다', '창의적입니다' 정도로 표현되는 강점은 더 이상 매력적이지 않습니다. 자신이 가진 강점이 무엇이고, 어떤 상황에서 필요한 강점인지, 어떻게 개발하고 발휘해야 하는지를 아는 것이 중요합니다.

강점을 진단할 수 있는 도구는 세 가지가 있습니다. 스트렝스 파인더는 재능, 지식, 기술을 결합한 것으로 과제를 수행할 수 있게 하는 34가지 강점을 알려줍니다. VIA 강점은 사고, 정서 및 행동에 반영되어 있는 24가지 긍정적 강점을 알려줍니다. Realise2는 성과를 위해 최적의 기능을 할 수 있도록 느끼고 생각하고 행동하는 60가지 강점을 알려줍니다. 세 가지 강점 도구는 잘하는 것에 대한 단편적인 인식을 넘어 사람의 강점에 대한 깊은 통찰을 알려줍니다.

(2) 과학

과학은 방대한 분야입니다. 모두 다루기는 어렵고 심리학, 뇌과학, 생리학과 같이 인간에 대한 직접적인 연구 사례가 유용합니다. 논리적인 근거를 토대로 강의 콘텐츠를 만들고 싶다면 과학이 도움이 됩니다.

・우리가 매너리즘에 빠지는 이유 (과학)

두근거렸던 첫 데이트는 오래 기억되지만 밥 먹고 커피 마시고 영화 보는 데이트 코스를 반복해서 하면 단 하루도 제대로 기억하지 못합니다. 추억으로 남을 만한 이벤트 없이 시간만 오래 보낸 연인은 권태기에 빠지게 되죠. 우리가 보내는 일상도 비슷합니다. 어제와 다를 바 없는 오늘을 보내고, 내일도 동일하다면 시간이 빨리 지나간다고 느낍니다. 점점 삶에 대한 재미와 흥미를 잃어버리고 매너리즘에 빠지게 됩니다.

이렇게 사람이 매너리즘에 빠지게 되는 이유는 뇌의 특징 때문입니다. 셀 수 없이 많은 정보를 처리해야 하는 뇌의 입장에서 동일한 정보를 계속 처리하는 것은 비효율적입니다. 그래서 뇌는 동일한 정보는 압축시켜 버리고 정보의 차이를 기억합니다. 비슷하게 보내는 일상은 사라지지만 새롭고, 특이하고, 놀라운 일은 뇌에 새겨집니다. 그래서 무려 18년이나 지났음에도 2002년 월드컵을 기억할 수 있습니다. 2016년 대통령이 탄핵된 사건도 오래도록 기억에 남을 것입니다.

하지만 매너리즘을 지우기 위해 큰 사건이 계속 일어나길 바랄 수는 없습니다. 일상을 새롭게 바라보는 지혜가 필요합니다. 일상의 차이를 만드는 것은 마음과 태도의 문제입니다. 어제와 동일한 일을 오늘은 다른 방식으로 시도할 수 있습니다. 다른 마음가짐으로 할 수도 있습니다. 매일 만나는 사람의 어제와 오늘이 같지 않다는 것을 깨닫습니다. 무언가를 배우는 것도 좋습니다. 꽃이 피고 날씨가 따뜻해지는 계절의 변화를 느끼는 것도 매너리즘을 극복하는 데 도움이 됩니다. 작은 일에도 감사하고 고마운 마음을 표현합니다. 인생의 순간순간을 흘려보내는 것이 아니라 관찰하고 감탄하며 늘 새롭게 볼 수 있도록 노력하는 것입니다. 매너리즘을 극복하는 주체는 바로 자기 자신입니다.

(3) 광고

한 장의 사진이나 짧은 이야기로 사람의 마음을 움직이는 광고는 재미와 감동이 있는 콘텐츠입니다. 광고에 담긴 메시지를 생각하면 유용한 사례를 찾을 수 있습니다.

• 프레임을 바꾸는 단어의 힘 (광고)

패럴림픽을 아시나요? 신체적 장애가 있는 선수들이 참가하는 국제 스포츠 대회입니다. 흔히 장애인 올림픽이라고 부릅니다. 문제는 하계 올림픽만큼 사람들이 관심을 가지지 않고, 잘 모른다는 것입니다. 2012년 런던 패럴림픽의 중계를 맡은 Channel 4는 이 문제를 해결하기 위해 캠페인을 진행했습니다. 이른바 'Meet the Superhumans' 캠페인입니다.

캠페인 영상은 패럴림픽 선수들의 신체적인 특징이나 장애를 보여주는 것이 아니라 스포츠 선수로서의 훈련 모습과 가지고 있는 스토리를 보여줍니다. 이를 통해 선수들의 스포츠 정신과 집념, 투지 등을 만나볼 수 있습니다. 무엇보다 이 캠페인에서 중요한 건 선수들을 'Superhumans'라고 명명한 것입니다.

장애인을 뜻하는 언어는 Persons with disabilities를 일반적으로 사용합니다. 예전에는 Handicapped라고도 썼으나 차별적 용어로 간주되어 사용하지 않습니다. Physically Challenged Person이라는 단어를 쓰려고도 하지만 이 역시 논란이 있습니다. 우리나라의 경우 예전에는 '장애우'라고 표현하는 것을 권장하기도 했습니다. 지금은 부적절한 단어로 규정하고 있습니다. 이렇게 호칭에 대한 문제를 언급한 이유는 그만큼 중요하다는 뜻입니다. 언어는 사람의 인식을 반영합니다. 어떤 단어를 사용하느냐에 따라 대상을 어떻게 인식하는지가 결정되는 것입니다.

그래서 'Superhumans'는 놀라운 단어입니다. 장애인에 대한 다른 인식을 심어주는 계기를 만들었습니다. 동정과 연민의 대상이 아니라 초인이자 영웅으로 바라보게 만들었습니다. 대상이 가지고 있던 속성을 바꿔버린 것이죠. 캠페인을 진행한 결과 유튜브에서는 100만 이상의 조회수를 달성했고, 사상 처음으로 티켓이 매진되었고, Channel 4에서 방송된 오프닝 세리머니는 지난 10년간 최고의 시청률을 기록했습니다.

사람이 가지고 있는 인식을 심리학 용어로 '프레임'이라고 합니다. 바라보고 생각하는 것이 어떤 고정된 틀에 의해 결정된다는 것을 의미합니다. 그래서 어떤 프레임을 가지고 있느냐에 따라 인생이 결정된다고 말합니다. 고정된 프레임을 바꾸는 건 정말 어려운 일입니다. 나이를 먹을수록, 경험이 쌓일수록 더 어렵습니다. 'Superhumans'에서 프레임을 바꾸기 위한 작은 힌트를 얻습니다. 나를 규정하는 단어, 상대방을 바라보는 단어를 바꾸는 것부터가 시작입니다.

(4) 뉴스

뉴스는 실제로 일어나는 일들을 다룹니다. 현재의 이야기죠. 설문조사나 통계에서도 유용한 콘텐츠를 찾을 수 있습니다.

· 직장 상사와의 갈등에 대해서 (뉴스)

잡코리아가 직장인 567명을 대상으로 진행한 설문에 따르면 95.8%의 직장인이 직장 상사와 갈등 경험이 있다고 답했습니다.

34.1%가 월 1~2회 갈등이 있다고 답했으며, 32.4%가 주 1~2회 갈등이 일어난다고 답했습니다. 놀랍게도 거의 매일이라고 응답한 사람이 14.2%에 달합니다. 직장 상사와의 갈등이 없는 경우는 없다고 봐도 무방한 결과입니다.

갈등의 주된 원인으로는 업무 지시에 일관성이 없다는 응답이 64.5%로 가장 많습니다. 일하다 보면 업무는 변동될 수 있기 때문에 일관성 없는 지시는 상사의 책임이라고 할 수는 없을 것입니다. 하지만 업무 과정에서 더욱 많은 소통이 필요하다는 사실은 분명합니다. 성격 차이 때문에 갈등이 일어난다고 응답한 직장인도 35.9%에 달합니다. 감정 기복이 있거나 급한 성격의 상사와 일하면 부딪히는 경우가 많습니다. 외향적인 상사와 내향적인 부하 직원의 경우도 서로를 이해하지 못하면 갈등이 생길 가능성이 큽니다.

직장 상사와 갈등이 생겼을 때 대처 방법에 대해 물었습니다. 71.8%의 직장인들은 사적인 감정을 배제하고 업무적으로만 대한다고 응답했습니다. 굳이 감정 소비하면서 갈등을 해소하기 위해 애쓰지 않겠다는 뜻입니다. 이런 모습이 바람직할까요? 33.9%의 직장인들은 서로의 다름을 인정하고 존중하기 위해 노력한다고 응답했습니다. 더 많은 대화를 나누고 이해하고 맞춰가기 위해 노력한다는 뜻입니다. 당장은 갈등으로 인해 힘들겠지만 더 나은 미래를 희망하는 태도입니다. 이 방법은 어렵지만 우리가 지향해야 할 방향입니다.

업무적으로만 대한다는 말은 주어진 일만 하고 그 이상의 성장이나 발전을 꾀하지 않는다는 뜻입니다. 상사가 가진 장점과 업무 노하우에 대해서 배우지 않고 시간만 보낸다는 의미이기도 합니다. 이

것은 상사에게도 본인에게도 좋지 않은 결과를 가져옵니다. 갈등으로 인해 어려움을 겪는 순간이 있겠지만 한 단계 성장하기 위해서는 갈등을 다루는 방법을 배울 필요가 있습니다.

(5) 다큐멘터리

이론을 공부하기에도 좋고 사례를 찾기에도 유용합니다. 적은 시간을 투자해서 많은 공부를 하고 사례를 찾을 수 있습니다. EBS 다큐프라임, SBS 스페셜은 평소에 챙겨 봐도 좋은 다큐멘터리입니다.

· 표정을 지을 수 없다면? (다큐멘터리)

BBC Knowledge 채널에서 방영한 [인간의 얼굴] 편에는 뫼비우스 증후군 환자인 로렌 드베니가 나옵니다. 뫼비우스 증후군은 얼굴 근육의 신경이 마비되어 웃거나 찡그릴 수 없고, 심한 경우 눈동자마저 움직일 수 없는 선천성 희귀질환입니다. 표정을 전혀 지을 수 없습니다. 사람이 표정을 지을 수 없게 된다면 어떤 현상이 생길까요?
우리의 표정은 다른 사람의 표정을 이끌어냅니다. 내가 상대에게 미소 지으면 상대도 자동으로 미소를 짓습니다. 그래서 표정을 짓지 못하면 상대와의 소통이 불가능해집니다. 상대방의 감정에 반응하지도 못하고 자신의 감정을 드러내지도 못합니다. 바보 같거나 산만하다는 오해도 받습니다. 표정은 생각보다 큰 역할을 감당하고 있습니다. 7살 로렌 드베니는 학교에 입학하기 전에 미소를 지을 수 있도록 수술을 받습니다. 다행히 결과가 좋아서 그녀는 활짝 웃습니다.

그런데 우리는 종종 뫼비우스 증후군에 걸린 것처럼 표정을 잃은 사람을 만나곤 합니다. 혹은 내가 표정을 짓지 못하는 사람이 되었을 수 있습니다. 병이 있는 것도 아닌데 로봇처럼 아무런 감정을 표현하지 못하고 죽은 듯이 사는 거죠. 얼굴 근육이 굳어버린 것입니다. 언제 활짝 웃었는지 기억나시나요? 행복한 표정, 슬픈 표정, 화난 표정같이 감정을 드러낼 수 없다면 무척 답답할 테죠. 다른 사람도 답답할 겁니다. 누군가와 소통하려면 굳어진 얼굴 근육부터 풀어야 합니다. 미소 띤 얼굴을 만드는 것부터 시작입니다.

(6)드라마

드라마는 과장되게 표현하는 걸 감안하더라도 강의에 활용하기 좋은 사례를 찾을 수 있는 분야입니다. 영화와는 달리 유행을 타기 때문에 선별해서 활용해야 합니다.

·신입 사원이 저지르는 흔한 실수 (드라마)

> "유리 씨, 자료 서칭 좀 해볼래요? 신문 기사, 유튜브, 방송 기록 찾을 수 있는 거 싹 다 찾아봐요."

드라마 [V.I.P.]에서 이현아(이청아 분) 과장이 신입 사원 온유리(표예진 분)에게 업무를 지시합니다. VIP 고객인 차세린(유빈 분)에 대한 신상 정보가 필요한 상황입니다. 온유리는 과장님의 지시에 "네"라고 대답하고 일을 시작합니다.

어느 정도 시간이 지나고 온유리는 과장님에게 결과를 보고하러

갑니다. 100장은 족히 넘어 보이는 자료를 들고 말이죠! 그걸 본 이현아가 기가 차서 말합니다.

"인물 백과 만들어요? 내가 그렇게 한가한 사람은 아닌데."

신입 사원이 저지르는 흔한 실수 중 하나입니다. 물어보지 않고 일을 처리하는 것. "네"라고 대답만 한다고 일을 잘하는 것이 아닙니다. 목적이 무엇인지, 어떤 자료를 핵심으로 정리해야 하는지 상사에게 물어본다면 다시 일해야 하는 걸 피할 수 있습니다. 또 다짜고짜 결과물을 가져가는 것보다 중간 과정을 보고하고 진행 방향이 맞는지 점검하는 것도 필요합니다. 혼자 끙끙대며 애썼는데 엉뚱한 결과물로 에너지 낭비, 시간 낭비가 될 수 있습니다.

그래서 일을 잘하는 것과 열심히 하는 것은 전혀 다르다는 사실을 알아야 합니다. 온유리는 열심히 했지만 칭찬은커녕 오히려 혼났습니다. 억울할 수 있습니다. 애초에 지시를 잘하면 되지 않느냐는 불만이 생길 수 있습니다. 하지만 그건 상사에게 기대하는 점이지 신입 사원으로서 일을 잘하는 것과는 별개의 문제입니다. 실수를 줄이고 일 잘하는 신입 사원이 되기 위한 방법을 꼭 기억하세요.

(7) 만화

게임과 마찬가지로 밀레니얼 세대가 좋아하는 분야입니다. 명작으로 손꼽히는 [슬램덩크]의 경우 리더십, 팀빌딩, 대인관계 사례를 많이 찾을 수 있습니다.

・슬램덩크에서 배우는 리더십 (만화)

[슬램덩크]는 고교 농구 만화입니다. 주인공을 비롯한 선수들이 성장하는 모습이 흥미진진하게 그려지는데 각 학교의 감독에 대한 이야기도 나옵니다. 그중 능남 고등학교 팀을 이끄는 유명호 감독은 훌륭한 리더의 모습을 보여줍니다.

능남 고등학교에 키가 2미터인 변덕규가 1학년 신입 선수로 들어왔습니다. 유명호 감독은 첫 전국대회 진출이라는 부푼 꿈을 가지고 변덕규를 고되게 훈련시킵니다. 매일 야단맞고 매일 토하며 훈련하는 변덕규에겐 감독님이 괴물처럼 보였죠. 결국 지쳐버린 변덕규는 감독님에게 이제 그만두겠다고 말합니다. 덩치만 클 뿐이라는 다른 선수들의 험담에 마음고생도 심했습니다. 변덕규가 팀의 주축 선수가 되길 바랐던 유명호 감독은 당황했을 겁니다. 만약 여러분이 감독이라면 이런 상황에서 어떻게 하시겠나요?

더 힘들게 훈련하는 선수도 많고, 고작 이 정도 훈련에 힘들다는 소리를 하냐고 나약함을 꾸짖을 수도 있습니다. 혹은 적당히 잘 다독여서 다시 훈련하게끔 할 수도 있습니다. 잘하고 있다고 격려하거나 훈련의 강도를 줄이는 방법도 있을 겁니다. 유명호 감독은 조금 다른 동기부여 방법을 보여줍니다.

> "나 유명호가 능남의 감독이 된 지 10년, 올해 처음으로 팀의
> 중심이 될 수 있는 녀석을 얻었다. 그게 바로 너다. 변덕규."

유명호 감독은 먼저 변덕규의 존재 가치와 역할을 알려줍니다. 변덕규가 자신감을 얻고 자존감을 높일 수 있게 만드는 행동입니다.

이것은 물질적인 보상으로만 되는 것이 아닙니다. 사람과 사람 사이는 감정이 오고 가야 하는 것이죠. 그래서 남자는 자신을 알아주는 사람을 위해 목숨을 바친다고 합니다. 리더는 구성원의 존재 가치를 인정하고 역할을 알려줘야 하는 사람입니다.

> "덕규야! 네가 3학년이 됐을 때, 능남 최초의 전국대회 진출!
> 난 그런 꿈을 꾸고 있다."

이어서 유명호 감독은 변덕규에게 비전을 보여줍니다. 변덕규의 가슴에 꿈을 심습니다. 감독 개인의 영광에서 그치는 꿈이 아니라 팀이 달성해야 할 비전을 공유합니다. 현재의 노력과 인내가 어디로 향하고 있는지 방향을 제시한 것입니다. 향후에 목표를 달성하지 못할 수 있지만 이루고자 하는 목표를 제시함으로써 구성원이 묻는 "왜?"라는 물음에 답하는 것입니다. 그러면 사람은 힘들어도 견디고 버틸 수 있습니다. 사람은 희망이 보이지 않을 때 절망에 빠집니다. 리더는 비전을 제시하고 희망을 주는 사람입니다.

더 이상 못 하겠다고, 그만두겠다고 말했던 변덕규는 유명호 감독과의 대화 후에 다시 훈련을 시작합니다. 3년 후, 유명호 감독이 말했던 꿈을 이루기 위해 전국대회 진출이 걸린 마지막 시합에 나섭니다.

(8) 미술

미술은 공부하기 어려운 분야라고 느낄 수 있습니다. 반대로 생각하면 쉽게 알려줄 수만 있다면 학습자들이 흥미를 가지고 듣게 되는 분야입니다. 미술을 쉽고 재미있게 알려주는 책이 많이 있습니다.

재미있는 미술 이야기를 찾아보세요.

·피카소 황소 연작으로 알아보는 창의성 (미술)

피카소는 1945년 12월 5일부터 1946년 1월 17일 사이에 황소를 주제로 11개의 석판화를 제작했습니다. 첫 번째 황소는 사실적으로 묘사했지만 뒤로 갈수록 점점 단순한 형태로 추상적인 모습으로 제작했습니다. 황소 연작의 마지막 작품을 보면 얼굴 없이 뿔만 2개 있고, 몸통과 다리, 꼬리를 의미하는 몇 개의 선만 남아 있습니다. 피카소는 "예술이란 불필요한 것들을 제거하는 것"이라고 말한 바 있습니다. 가장 본질적인 핵심 요소만 남을 때까지 단순화시킨 것이죠. 그래서 선만 있음에도 불구하고 황소라는 걸 알 수 있습니다.

이를 통해 알 수 있는 창의성의 비결은 단순화라고 말할 수 있습니다. 그런데 한 가지 놓치고 있는 부분이 있습니다. 피카소가 제작한 11개의 황소 연작을 살펴보면 1단계부터 4단계까지는 진짜 황소의 모습을 실감 나게 그렸습니다. 근육이 살아 있는 생동감 넘치는 황소입니다. 누구나 인정할 수밖에 없는 작품에서 점차 개성 넘치는 피카소의 추상화가 된다는 사실을 확인할 수 있습니다.

창의성에 대한 오해 중 하나가 순간적인 우연에서 비롯된다는 생각입니다. 불현듯 떠오르는 아이디어가 창의적인 결과물로 이어진다는 착각입니다. 사실이 아닙니다. 단순한 선으로 황소를 표현하기 이전에 살아 있는 듯한 황소를 그린 피카소가 창의성에 대해 알려줍니다. 대부분의 창의성은 탄탄한 기초 위에 쌓아 올린 결과입니다.

(9) 사진

이야기가 담겨 있는 사진을 사례로 활용할 수 있습니다. 매일 찍은 셀카는 사례로 쓸 수 없지만 셀카를 통해 시사점을 제시할 수 있다면 사례로 활용할 수 있습니다. 그래서 단순히 본 사진이 아니라 관찰한 사진이 필요합니다.

• 사진에 숨어 있는 행복의 비결 (사진)

2015년 9월 15일 영화 [블랙 매스] 시사회에서 할리우드 배우 조니 뎁이 등장했습니다. 레드카펫 주위에서 조니 뎁을 보고 열광하는 사람들의 사진이 트위터에서 화제가 됐습니다. 하루 만에 7,000번 이상 리트윗 됐고, 1만 4,000명 이상의 사람들이 사진을 저장했습니다. "지금 이 순간을 살고 있는 유일한 사람" 백발이 성성한 한 할머니 때문입니다.

할머니는 바리케이드 앞쪽에 서서 다른 사람들과 같은 방향을 바라보고 있습니다. 그런데 주위의 모든 사람들이 핸드폰을 들고 사진을 찍고 있습니다. 할머니만 빼고요. 할머니는 그저 흐뭇한 미소와 따뜻한 눈빛으로 바라보고 있습니다. 바로 조니 뎁을 말입니다.

핸드폰에 추억을 기록하는 것보다 가슴으로 현재를 기억하는 것이 행복해지는 방법입니다. 핸드폰에 찍어둔 사진을 다시 꺼내 보는 경우는 드물잖아요. 영화 [월터의 상상은 현실이 된다] 속의 대사는 우리를 다시 한번 돌아보게 합니다. "아름다운 순간을 보면 카메라로 방해하고 싶지 않아. 그저 그 순간 속에 머물고 싶지." 트위터에서 사진이 화제가 된 후 사진의 주인이 할머니를 찾아가 인터뷰했습니다. 어떤 이유에서 그렇게 바라보고 있었는지를 여쭤봤죠. "아름다운 건 눈에 담아야 한다." 할머니의 멋진 대답이 행복의 비결입니다.

(10) 스포츠

스포츠는 팀에 대한 강의를 할 때 유용한 분야입니다. 대부분의 스포츠는 팀 경기이기 때문이죠. 스포츠 정신, 도전 정신, 승부욕, 자기 관리, 마케팅 등 스포츠는 콘텐츠의 보물섬입니다.

·육상 기록으로 알아보는 팀워크의 힘 (스포츠)

남자 육상 100미터 세계 기록은 2009년 베를린 세계 육상 선수권에서 우사인 볼트가 기록한 9초 58입니다. 그리고 남자 육상 400미터 세계 기록은 2016년 하계 올림픽에서 웨이드 판니커르크가 기록한 43초 03입니다. 그렇다면 남자 육상 400미터 이어달리기 세계 기록은 몇 초일까요? 100미터를 4명의 선수가 나눠서 뛰는 이어달리기니까 400미터 기록보다는 빠를 거라고 예상할 수 있습니다. 문제는 얼마나 빠를지 예상하는 것이죠. 단순 계산으로는 9초 58의 4배인 38~39초 정도가 가장 빠른 기록이라고 생각할 수 있습니다.

정답은 2012년 런던 하계 올림픽에서 자메이카 팀이 기록한 36초 84입니다. 단순 계산으로 예상하는 것보다 훨씬 빠른 기록입니다. 이렇게 시간을 단축할 수 있는 이유 중 하나는 앞선 선수가 어느 정도 속력을 내고 있는 상태에서 배턴을 이어받기 때문입니다. 제로에서 출발하는 것이 아니기 때문이죠. 배턴을 주고받는 동작도 굉장히 중요합니다. 놓치면 안 되기 때문에 안전하게 전달하는 연습을 합니다.

그리고 무작정 빠르기만 한 선수들로 팀을 구성하지 않는 전략이 있습니다. 달리는 구간에 따라 요구되는 능력이 다르기 때문입니다. 1번 주자는 출발이 빠르고 곡선 주로를 잘 달리는 선수입니다. 2번 주자는 직선 주로를 빠르게 달리고 배턴 터치를 위해 안정감이 있는 선수를 배치합니다. 3번 주자는 다시 곡선 주로에 강한 선수를 배치하고, 마지막 4번 주자는 가장 빠르고 투지가 좋은 에이스 선수를 배치합니다. 이처럼 각 주자마다 역할이 다르기 때문에 요구되는 능력이 다르고 훈련 역시 다른 부분이 있습니다.

이어달리기를 통해 성공적인 팀워크를 발휘하기 위한 조건을 생각할 수 있습니다. 각자의 역할과 과제가 분명해야 합니다. 가지고 있는 능력에 맞는 역할을 부여 받아야 합니다. 과제를 해결하는 데 적합한지 확인하고 부족하다면 맞춤 훈련을 통해 능력을 개발할 수 있습니다. 팀이 성공하려면 팀워크에 대한 마인드도 중요하지만 이처럼 전략적이고 체계적인 시스템도 필요합니다.

(11) 심리학

강의 목적이 개인의 성장과 변화, 타인과의 소통이라면 심리학은 훌륭한 답을 많이 가지고 있습니다. 심리학에서 다루는 성격, 발달, 인지, 정신, 사회 등의 주제는 학습자에게 유익한 지식과 정보를 알려줍니다. 심지어 심리학은 현재 정말 많은 인기를 누리고 있는 분야입니다.

·성격 5요인 이론에서 배우는 외향성의 특징 (심리학)

성격은 어떤 사람을 다른 사람과 구분 짓게 만드는 안정적이고 잘 변하지 않는 특성입니다. 성격을 설명하는 이론은 여러 가지인데 그 중 성격 5요인이 대표적인 이론입니다. 성격 5요인 이론은 사람의 성격을 외향성, 신경성, 성실성, 친화성, 개방성의 다섯 가지 요인으로 구분하여 설명합니다.

다섯 가지 성격 요인 중 외향성에 대한 모습을 [나 혼자 산다]에 출연한 신화 김동완 님에게서 찾을 수 있습니다. 매력 만점 싱글 라이프를 공개했는데 영어, 일본어, 중국어를 공부하고, 피규어 수집에 동영상 편집을 하는 모습을 보였습니다. 여기서 끝이 아니라 요리, 기타 연주, 바이크, 드론, 게임, 산악자전거, 스노보드, 등산 등 수십 가지의 활동을 합니다. 새로운 것에 대한 갈망이 크고 도전하기를 좋아하는 외향성이 높은 성격임을 알 수 있습니다.

이에 반해 외향성이 낮은 성격을 엿볼 수 있는 인물은 박지성 선수입니다. 2010년 올해의 선수 시상식 파티가 열렸을 때입니다. 박지성 선수는 파티를 즐기고 있는 사람들을 뒤로하고 절친 파트리스 에브라 선수와 함께 소파에 앉아 게임을 하고 있었죠. 파티에 참석은 했지만 사람들과 어색하게 어울리기보다 한편에 떨어져 마음 편하게 시간을 보내고 있는 장면입니다. 외향성이 낮은 성격임을 알 수 있습니다.

외향성은 따뜻함, 사교성, 자신감, 활기, 자극 추구, 긍정적 정서로 구성되어 있습니다. 김동완과 박지성의 비교를 통해 자극을 추구하는 정도가 서로 다르다는 사실을 알 수 있습니다. 자극 추구가 높은 사람은 가만히 있을 수 없습니다. 다양한 경험을 통해 각성의 상태에 머무르고 싶어 합니다. 따라서 스릴이나 모험을 추구하는 외부 활동을 통해 에너지를 얻습니다. 반면, 외향성이 낮은 사람들은 자극을 불편하게 여깁니다. 단조로운 일상에 편안함을 느끼고 적막하고 조용한 환경을 원합니다. 가능하면 위험한 도전을 회피합니다. 독서나 음악 감상과 같은 내부 활동을 통해 에너지를 얻습니다.

타고난 성격을 아는 것은 자신이 원하는 행동이 무엇인지 알 수 있습니다. 또한 어떤 상태와 환경일 때 에너지를 얻을 수 있는지도 알 수 있죠. 다른 사람을 따라 사는 삶이 아니라 진정한 자신의 모습을 찾을 수 있는 힌트가 됩니다.

외향성 외에도 신경성, 성실성, 친화성, 개방성이 있습니다. 각 성격에 대해 알수록 자신에 대한 이해가 깊어집니다. 자신이 무엇을 원하는지, 무엇을 하고 싶은지, 어떤 환경에서 편안함을 느끼고, 언제 행복하다고 느끼는지 아는 것이죠. 그리고 성격으로 야기된 심리적 문제를 이해하고 성격 극복을 위해 필요한 발상의 전환과 실행 방법도 발견할 수 있습니다.

(12) 역사

설민석 님의 역사 강의가 대중적인 인기를 얻은 후로 더욱 많은 사람들이 역사에 관심을 가지기 시작했습니다. 어쩌면 역사는 그 자체만으로도 재미와 의미가 있습니다. 제가 좋아하는 분야라서 그럴지도 몰라요.

·중국 전국시대 오기의 리더십 (역사)

중국 전국시대에 오기라는 남자가 있었습니다. 손자병법으로 유명한 손무와 비교해도 전혀 밀릴 것 없는 명장입니다. 기록에 의하면 수십만이 동원된 큰 전투를 76회 치렀는데 그중 64회를 승리했고 나머지 12회는 무승부였습니다. 단 한 번도 패배하지 않았습니다. 이 전적의 비결은 뛰어난 전략과 병사들을 각별하게 생각하는 마음입니다.

전해오는 일화에 의하면 사령관의 위치임에도 불구하고 말단 병사와 함께 잠을 자고, 밥을 먹고, 짐을 지고 함께 행군했다고 합니다. 지금으로 치면 별 4개 참모총장이 이등병과 함께 생활하는 셈입니다. 현재 시대에서도 상상하기 어려운 모습인데 무려 2400년 전에 했던 행동이니 병사들이 받은 감동은 이루 말할 수 없을 정도로 컸을 겁니다.

여기에 더해 특별한 이야기가 있습니다. 어떤 병사의 등에 난 종기를 입으로 빨아서 고름을 빼내준 일화입니다. 총사령관이 병사의 더러운 고름을 직접 입으로 빼내주다니, 아마 그 병사와 주위 동료들은 감동하여 온 부대에 이 소식을 널리 전파했을 것입니다. 병사들의 사기가 드높아졌을 겁니다. 그런데 병사의 어머니는 이 소식을 듣고 주저앉아 오열했다고 합니다. 남편도 오기의 행동에 감동 받아 목숨을 아끼지 않고 싸우다 전사했는데, 이젠 아들마저 죽게 됐다고 한탄한 것이죠. 오기에게 이런 일은 흔한 일이었습니다. 사령관이 이렇게 행동하니 모든 병사가 사력을 다해 싸웠고, 지지 않았던 겁니다.

오기 일화에서 알 수 있듯이 구성원은 자신을 진심으로 아껴주는 리더를 따릅니다. 자신의 것을 먼저 챙기는 리더의 곁에 남아 있을 사람은 없습니다. 정말 당연한 이치인데 이를 실천하지 못하는 리더가 많습니다. 구성원을 먼저 챙기면 팀의 성과가 저절로 올라갑니다. 팀의 성과는 리더가 아니라 구성원들의 힘으로 만들어지니까요. 오늘 리더로서 어떤 행동을 했는지 생각해봅니다. 나를 위한 행동과 구성원을 위한 행동 중 어떤 행동이 더 많았는지 돌아봅니다.

(13) 영화

우리나라 사람들이 가장 쉽게 할 수 있는 문화생활 중 하나가 영화입니다. 영화의 가장 큰 장점은 10년, 20년이 지난 영화도 흥미롭게 감상할 수 있다는 것입니다. 영화를 해석하고 관점을 공유하고 토론하는 방식의 강의는 앞으로 더욱 활발할 거라 예상합니다.

• 기생충이 알려주는 인간관계 (영화)

한국 영화사를 빛낸 영화를 꼽으라면 [기생충]은 세 손가락 안에 들 것입니다. 아카데미 시상식에서 4관왕을 차지한 만큼 오래도록 회자될 영화입니다. [기생충]으로 만든 사례는 사람이 가지고 있는 '선'에 대한 이야기입니다. [기생충]의 모든 등장인물들은 서로의 선을 넘는 무례함을 보여줍니다.

성공한 CEO 박 사장(이선균 분)의 대사에서 영화의 메시지를 알수 있습니다. "매사에 선을 딱 지켜. 내가 선을 넘는 사람들 제일 싫어하는데...." 영화는 내내 '선'을 강조합니다. '선'을 생각하며 영화를 보면, 등장하는 인물 모두가 선을 넘는 행동을 합니다. 과외 선생이면서 학생의 손목을 잡고, 주인 없는 집에서 술 파티를 열더니 목욕도 하고, 맨발을 앞좌석에 걸쳐놓고, 냄새가 난다고 코를 틀어막고, 험담을 합니다. 상대를 기분 나쁘게 만드는 무례한 행동이 끊임없이 나옵니다.

서로의 인격을 존중하고 선을 지키는 것은 중요합니다. 선을 넘지 말아야죠. 우리는 이걸 예의라고 부릅니다. 사람은 모두 각자의 '선'이 있고 서로가 기본적인 존중을 유지해야 함을 알려주는 영화가 [기생충]입니다. 내가 느꼈던 무례함이 있었는지, 상대가 지켜줬으면 하는 선은 무엇인지, 상대를 존중하기 위해 내가 해야 할 행동은 무엇인지를 학습자와 함께 생각해봅니다.

(14) 예능

웃음이 최고의 가치였던 예능이 이제는 단순하지 않습니다. 장르도 다양하고 무거운 메시지를 던지는 프로그램도 있습니다. 예능 방송은 너무 많아서 전부 챙겨 보는 건 현실적으로 불가능합니다. 저는 일부러 백종원, 박진영, 아이유가 나오는 예능을 챙겨 봅니다. 배울 점이 많은 분들입니다.

・푸드트럭에서 배울 수 있는 백종원 리더십 (예능)

백종원 님은 푸드트럭에서 꽤 자주 화를 냅니다. 대여섯 번 정도 참았다가 폭발하는 화이긴 합니다. 화를 내는 것과 리더십이 무슨 관계가 있을까 싶지만 적절한 타이밍에 화를 내는 건 상당히 어려운 일입니다. 감정적으로 화를 내는 것이 아니라 팩트로 화를 내는 건 정말 어려운 일이죠. 근거와 자료를 가지고 반박하고 꼬집습니다. 상대방이 했던 말 중에 틀린 점이 있다면 직접 시범을 보여주고, 사실을 체크하고, 나무랍니다. 온 열정을 다해서 혼냅니다.

리더가 관심이 있고, 열정이 있으니까 팔로워에게 화를 내는 것입니다. 백종원 님은 잘못한 것을 그대로 두는 것이 아니라 잘하라고 타박하는 리더입니다. 당하는 입장에서는 혼나니까 기분이 좋지 않을 수 있겠지만 지나고 보면 피와 뼈와 살이 됩니다. 성장의 밑거름입니다. 직장에서 나를 엄청 괴롭히는 상사를 만나서 죽을 만큼 고생했는데, 나중에 보니 그만큼 나의 역량이 올라가 있더라는 이야기를 들은 적이 있습니다. 좋은 게 좋은 거라고 좋은 말만 하는 리더가되어선 안 됩니다. 리더는 팔로워가 올바르게 성장할 수 있도록 이끌어야 하는 무거운 책임감을 가져야 합니다.

잘못한 부분을 지적하는 것으로 백종원 리더십의 끝이 아닙니다. 끝없이 베풀고 공유합니다. 아이디어나 아이템을 자기 거라고 꽁꽁 숨겨두지 않습니다. 본인이 아껴둔 사업 아이템을 거침없이 내어 줍니다. 자기 밥그릇일지도 모르는데 공유합니다. 출연자들을 자신의 경쟁자라고 생각하지 않습니다. 같은 시장에서 살아가는 동료라고 생각합니다. 신념을 바탕으로 본인의 경험과 노하우를 전수하며 상생의 길을 제시합니다. 백종원 리더십은 믿음과 신뢰를 얻고, 사람을 얻는 리더십입니다.

(15) 자연

자연은 치열한 생존의 현장입니다. 동물이나 식물 모두 살아남기 위해 온갖 방법을 사용합니다. 이들을 관찰해서 생존에 필요한 지혜를 찾습니다.

· 심해어의 생존 전략 (자연)

심해어는 수심 200미터 이상의 깊은 바다에서 살고 있는 물고기를 이르는 명칭입니다. 심해는 산소가 부족하고 수압이 높으며 빛이 없는 암흑 세계입니다. 심해어는 먹이도 부족한 열악한 환경에서 살아남기 위해 다양한 형태로 진화했습니다. 그들의 기괴한 생존 전략은 흥미로운 콘텐츠입니다.

배럴아이라는 물고기 종류는 약간의 빛이 있는 600미터 정도에 사는 심해어입니다. 상식적으로 눈이 있어야 하는 자리에는 콧구멍이 있고, 실제 눈은 머릿속의 초록색 공처럼 존재합니다. 머리가 투명하고 눈을 자유자재로 움직이며 어두운 심해에서 시야를 확보합니다. 정면뿐만 아니라 위쪽을 바라보는 것도 가능한 물고기입니다. 먹이를 찾고 천적을 피하기 위해 시야가 극한으로 진화한 경우입니다.

트리팟피쉬라는 물고기는 빛이 없어 불필요한 눈이 퇴화된 대신에 물의 진동을 느끼도록 가슴지느러미가 감각기관으로 진화했습니다. 가장 큰 특징은 땅에 자신의 몸을 고정시킬 수 있는 3개의 다리가 있다는 것입니다. 배지느러미와 꼬리지느러미의 특정 부분이 다리처럼 길게 자라나 있습니다. 워낙 먹이 찾는 것이 힘들기 때문에 먹이를 찾으러 돌아다니지 않고 한 자리에서 가만히 기다리는 편을 선택한 것입니다.

다른 심해어를 검색하면 징그러움과 기괴함에 미간을 찡그릴지도 모릅니다. 그들은 생존하기 위해 자신을 괴상하게 변형하면서까지 진화했습니다. 그 무엇보다 생존이 중요하기 때문입니다. 열악한 환경에서 생존하기 위한 진화의 몸부림은 치열합니다.

우리가 살아가는 사회는 심해처럼 열악해지고 있습니다. 인류 역사상 가장 풍요로운 세상이라고 말하지만 다가올 미래는 낙관적이지 않습니다. 저성장, 고령화, 빈부격차, 환경 파괴, 세대 갈등, 과도한 경쟁 등 인간을 불행하게 만드는 요소가 너무 많습니다. 인류는 풍요롭지만 인간은 불행한 하루를 견뎌야 합니다.

그래서 우리는 생존하기 위해서 자기만의 생존 전략을 가져야 합니다. 누군가가 이상하다고 생각할 정도의 무기가 필요합니다. 심해에서는 평범한 물고기가 살아남을 수 없듯이 우리 사회도 평범함이 살아남기가 점점 더 어려워질 것입니다. 나만의 특별함은 무엇인가요?

(16) 철학

철학은 질문하는 콘텐츠입니다. 사람이 살아가면서 겪을 만한 고민을 다룹니다. 개인적이고 일상적인 사례부터 인성, 윤리, 이념과 같은 추상적인 개념을 다루는 사례까지 다양하게 찾을 수 있습니다. 질문하고 답을 찾아가는 과정에서 의미를 얻을 수 있습니다.

· 기업윤리의 부재가 낳은 비극 (철학)

1970년 포드사에서 포드 핀토 소형차를 출시했습니다. 문제는 후

방 충돌실험에서 연료탱크에 충격이 가해질 수 있으며, 때때로 엄청난 화재와 폭발이 발생할 수 있다는 결함을 발견한 것입니다. 포드사는 핀토를 회수하여 수리해야 했지만 그대로 출고했습니다. 수리하는 비용보다 소송을 통한 피해보상금이 더 적다는 계산이 나왔기 때문입니다. 수리 비용은 1대당 11달러로 계산하고 총 1,250만 대로 1억 3,700만 달러인 데 비해 피해 보상은 약 5,000만 달러로 예상했습니다. 유명한 비용/편익 사례입니다.

당신이 포드사의 담당자입니다. 지금의 상황을 알고 있습니다. 어떻게 대처하는 것이 옳을까요? 자본주의 논리에 따르면 비용이 적게 드는 방법을 따라야 합니다. 하지만 양심의 소리는 그렇지 않습니다. 어떤 선택을 하실 건가요?

포드 핀토는 불행한 결말을 맞이했습니다. 1978년 포드 핀토가 뒤에서 오던 트럭과 충돌하고 폭발하여 탑승자 한 명이 사망하고, 13살 아이가 심한 화상을 입는 사고가 발생했습니다. 유가족들의 소송 과정에서 포드사가 연료탱크의 결함을 알고 있었던 것으로 드러났습니다. 생명을 경시한 대가로 포드사는 피해보상금액 250만 달러, 벌금 350만 달러, 징벌적 손해배상으로 1억 2천5백만 달러를 지불해야 했습니다. 타임지가 선정한 사상 최악의 50대 자동차 중 하나로 선정되었고, 우리에게 기업의 윤리의식이 얼마나 중요한지 알려주는 사건이 되었습니다.

사례를 찾을 수 있는 16가지 분야와 사례 하나씩을 알려드렸습니다. 사실 보이는 모든 것들이 사례라고 할 수 있습니다. 항상 안테나를 켜두고 살아야 합니다. 여기서 안테나는 핵심 단어입니다. 핵심 단어를 기억하며 하루에도 몇 번씩 질문합니다. "이걸 강의에 활용할 수 있을까?”

모든 분야를 섭렵할 필요는 없습니다. 어떤 분야든 배경지식이 없으면 재미를 느끼지 못하고 결과도 만족스럽지 못할 것입니다. 그러니 평소에 좋아하고 관심 있는 분야를 살펴보는 것을 추천합니다. 좋아해야 더 깊이 생각할 수 있습니다. 당장 취미를 생각해보세요. 더 알고 싶고, 배우고 싶고, 잘하고 싶은 분야가 무엇인지 떠올려 보는 겁니다. 남들 다 하는 음악 감상, 영화 시청이 아니라 누가 시키지 않아도 시간과 비용을 투자할 수 있는 취미에서 찾은 사례가 진짜입니다. 강사가 좋아하고 재미있어야 학습자도 재미있습니다.

연 습 하 기

지금 활용하고 있는 사례를 적어보세요. 기억나지 않으면 비워둔 채 넘어가시면 되고, 계속 생각나면 계속 적으세요. 좋아하고 관심이 있는 분야가 있다는 걸 축복하고 응원합니다. 오래된 사례라면 과감 하게 버리시고 새로운 걸 찾으세요. 이곳이 트렌드의 영역입니다.

게임	과학	광고	뉴스
다큐멘터리	드라마	만화	미술
사진	스포츠	심리학	역사
영화	예능	자연	철학

사례를 찾은 이후에 핵심 단어와 연결하는 작업을 진행하면 됩니다. 억지로 연결하면 어색해집니다. 이상하다 싶으면 과감하게 포기하세요. 핵심 단어와 메시지가 분명하면 자연스럽게 연결되는 사례를 찾을 수 있습니다.

16가지 분야를 소개해드렸지만 사례를 찾을 수 있는 영역은 무한정입니다. 어떤 영역이든지 사람에 대한 이야기가 좋은 사례가 됩니다. 사람들이 만들어내는 눈에 보이는 이야기와 눈에 보이지 않는 이야기들 모두가 강의 콘텐츠가 될 수 있습니다. 이번 기회에 콘텐츠의 바다로 떠나보세요.

4장

학습자가 함께 배우는 참여를 만들자

1. 학습자를 참여시키는 실습

　교육의 목적은 학습자의 변화입니다. 현재보다 더 나은 상태로의 변화를 의도하는 활동이죠. 그렇기에 강의 역시 학습자의 변화가 목적입니다. 변화하려면 무엇이 필요할까요? 강의를 통해 전달하고자 하는 콘텐츠는 지식, 기술, 태도입니다. 이 세 가지 요소를 학습자가 배울 때 변화가 일어난다고 보는 것이죠. 지식과 기술은 이론과 사례를 통해 배울 수 있습니다. 기술을 배우는 콘텐츠가 실습입니다.

　기술을 배우기 위해서 다양한 실습을 진행할 수 있습니다. 가장 쉽고 강력한 방법은 시범을 보이는 것입니다. 그리고 학습자가 따라 하게 하는 것이죠. 이 방법은 강의뿐만 아니라 스포츠나 예술 분야에서도 많이 쓰이는 방법입니다. 스승이나 코치가 알려주는 대로 따라 하다 보면 학습자가 기술을 자연스럽게 습득할 수 있습니다. 즉 각적인 피드백이 가능하기 때문에 최단 시간 내로 올바른 학습이 이뤄집니다. 직장 예절이나 서비스 강의에서 시범 후 실습은 유용한 참여 콘텐츠입니다.

　하지만 시범은 한계가 분명합니다. 첫 번째 이유는 추상적인 영역을 다루는 주제가 많기 때문입니다. 운동이나 기계를 다룬다면 시범은 좋은 방법이 될 수 있지만 강사가 다루는 주제는 인문학적인 영역입니다. 리더십이나 자기 계발 강의는 시범을 보일 만한 콘텐츠가 모호합니다. 두 번째 이유는 학습자의 역량이나 환경이 각자 다르고, 실제로 필요한 콘텐츠는 학습자가 현장에서 활용할 수 있어야 하기 때문입니다. 강의장에서는 강사가 알려주는 대로 따라 할 수 있었던 콘텐츠였는데 강의 끝난 이후에는 실행하기 어려울 수 있습니다. 그래서 강사가 알려주는 방법보다 학습자가 실제로 할 수 있는 행동을 찾는 것이 중요할 때가 있습니다.

실제로 할 수 있는 행동을 찾기 위해서 학습자 간의 상호 교류를 설계할 수 있습니다. 이론과 사례로 배운 내용을 학습자끼리 설명하고 결과를 찾는 실습을 진행하는 것이죠. 유대 랍비들의 교육 방법인 '하브루타'를 생각하면 됩니다. 강의를 듣거나 읽기만 한다면 고작 10%의 내용이 기억에 남는데, 서로 설명하면 90%의 내용을 기억합니다. 학습 효과가 극대화되는 것이죠. 재미있는 점은 학습자들은 가만히 듣고 읽는 것보다 자기가 직접 말하는 것을 더 좋아한다는 사실입니다. 강사만 말하는 강의가 아니라 학습자도 말할 수 있는 기회를 가지는 것이 중요합니다.

토의가 어려운 상황이라면 퀴즈를 만들어서 출제하는 것도 유용한 방법입니다. 포스트잇에 퀴즈를 적고 모은 다음 강사가 이를 출제합니다. 퀴즈를 만드는 것은 내용을 정확히 알고 있어야 가능합니다. 그래서 퀴즈를 만들면서 이해가 부족했던 부분을 강사에게 질문하게 됩니다. 학습자가 주도적으로 학습하게 되는 것이죠. 자신이 만든 퀴즈가 다른 사람이 미처 생각하지 못했던 부분이라면 뿌듯함과 자신감을 얻을 수 있고, 다른 사람이 낸 퀴즈를 맞혀서 성취감을 얻을 수 있습니다.

학습자가 자신의 경험과 생각을 적고 말하는 방법도 있습니다. 다양한 의견을 내기도 하고 들으면서 문제를 해결하거나 업무에 적용할 수 있는 점을 찾는 방법입니다. 강사는 이론과 사례를 통해 주제를 제시하고 동기를 부여하는 역할을 하는 것이죠. 필요하다면 나온 의견과 방법을 정리하고 공유를 돕습니다. 포스트잇에 적고 전지나 벽에 붙여서 공유하는 방법도 있습니다. 다른 사람들의 이야기에서 새로운 아이디어를 얻고 학습하는 것이죠.

주제나 환경에 따라 활용 가능한 실습이 있고, 불가능한 실습이 있습니다. 따라서 다양한 실습을 많이 알고 있을 필요가 있습니다. 무기를 다양하게 준비해두는 것이죠. 무언가를 적는 실습만 반복하면 학습자는 거부감을 일으킬 것입니다. 정적인 실습과 동적인 실습을 적절하게 병행하도록 준비합니다. 학습자의 동기가 떨어지거나 지치지 않도록 하는 방법입니다.

실습을 설계하는 것은 단지 실행하는 프로그램만을 준비하는 것이 아닙니다. 정확하게 제대로 실습하기 위해서는 사전에 준비해야 할 부분이 많습니다.

먼저 할 말을 생각합니다. 시작할 때는 학습자들의 흥미를 형성하고, 프로그램의 목적과 취지를 분명히 설명해야 합니다. 중간에 학습자의 반응을 이끌어내는 말이나 강조해야 하는 말, 실습에 대한 추가 설명과 마무리 짓는 말까지 설계합니다. 돌발 상황은 당연히 생긴다고 생각하고 이를 대처하는 말과 방법도 준비합니다.

다음으로 진행 순서를 설명합니다. 순서를 설명할 때는 간결하게 설명하는 것보다 최대한 자세하고 친절한 편이 좋습니다. 듣는 것만으로는 부족하기 때문에 미리 슬라이드나 출력물로 준비하는 것도 좋은 방법입니다. FAQ를 만들어서 예상 질문과 답변을 만들어두는 것도 좋습니다. 어떤 경우에는 사전 연습 과정을 마련하는 것도 도움이 됩니다. 말로 설명을 듣는 것보다 한번 해보면 이해가 쉽기 때문입니다. 이해를 돕기 위해서 예시를 보여주는 것도 좋습니다.

그리고 진행 방식을 생각합니다. 강사가 시범을 보이고 따라 하게 할 것인지, 학습자 대표 몇 명이 할 것인지, 전체 학습자가 동시에 할 것인지, 아니면 순서를 정해서 차례대로 할 것인지 등을 미리 생각합니다. 어떤 방식이든지 시간을 지키도록 하는 것이 중요합니다. 소요 시간을 미리 생각하고, 타임 키퍼를 정하거나 시계를 화면에 띄우거나 중간에 시간을 공지합니다.

마지막으로 필요한 도구를 준비합니다. 도구는 학습자가 쉽게 강의에 참여할 수 있게 만듭니다. 카드나 프린트물, 장난감 같은 다양한 교구들은 학습자의 관심을 이끌어냅니다. 백 번 말로 설명하는 것보다 좋은 도구 하나가 유용할 때가 많습니다. 화면으로 보는 것보다 직접 만질 수 있는 것이 더 즐겁죠.

이론과 사례 중심의 강의가 있는 것처럼 참여 중심의 강의가 있습니다. 이론과 사례를 공부하는 것만큼 참여를 설계하는 것도 힘들고 어려운 일입니다. 대부분의 강의는 이론, 사례, 참여가 섞여 있습니다. 주제나 학습자에 따라 무게 중심이 이동하는 것이죠. 각각의 콘텐츠를 적절한 비중으로 강의를 준비하는 일이 강사의 업무입니다. 꾸준히 공부하고 준비해야 하는 영역입니다.

2. 간단하게 활용할 수 있는 퀴즈와 질문

　강의 초반의 냉랭한 분위기를 깨기 위해서 아이스브레이킹 퀴즈를 준비할 수 있습니다. 아니면 강의 내용을 한번 생각해보고 이해하기 쉽도록 퀴즈를 준비하는 경우도 있습니다. 어떤 목적의 퀴즈를 더 많이 활용하시나요? 저는 가능하다면 강의 내용과 관련된 퀴즈를 준비하려고 노력합니다. 아이스브레이킹 퀴즈를 준비할 때도 강의 메시지가 담길 수 있도록 신경 씁니다.

　예를 들어 영화를 활용해서 퀴즈를 준비할 때는 단순히 영화 제목을 맞히는 것이 아니라 메시지와 핵심 단어를 유추할 수 있도록 합니다. 팀빌딩, 팀워크라면 영화 [300], [분노의 질주], [미션 임파서블], [도둑들], [어벤져스]의 장면을 활용해서 퀴즈를 만듭니다. 자존감, 긍정심리 강의에서는 영화 속 명장면을 퀴즈로 낸 다음 학습자들에게 본인의 인생에서 명장면이 언제였는지 질문하고 이야기 나눌 수 있게 합니다. 본인이 가장 빛났던 순간을 떠올려 성취감이나 자신감을 가지게 하는 것이죠. 이는 자존감이나 긍정심리로 자연스럽게 이어질 수 있습니다.

　글자나 이미지를 이용해 문제를 내고 정답을 맞히는 퀴즈가 아이스브레이킹 용도라면 조금 더 직접적으로 강의 내용과 연계하여 만드는 질문도 있습니다. 대표적으로 OX 질문입니다. OX 질문을 하기 위해서는 문장을 만들어야 합니다. 예를 들어 스트레스 관리 강의에서 사용한 문장은 다음과 같습니다.

"모든 스트레스는 나쁜 것이다?"
"특정 사람을 피하면 스트레스는 없어질 것이다?"

첫 번째, 모든 스트레스는 나쁜 것일까요? 정답은 X입니다. 스트레스가 과도하게 많으면 긴장 상태가 되어 실수해서 업무를 그르칠 가능성이 높습니다. 반면, 스트레스가 전혀 없다면 매사 지루하게 느끼고 성장과 발전이 없는 권태로운 상태에 놓이게 됩니다. 가장 좋은 건 스트레스를 관리하여 최적의 스트레스 구간에 머무르는 것입니다. 즉, 모든 스트레스를 나쁘다고 인식하는 것보다 적절하게 스트레스를 조절하여 자신의 성장과 발전에 도움이 될 수 있도록 만드는 것이 중요합니다.

두 번째, 특정 사람을 피한다고 현재의 스트레스가 없어질까요? 정답은 X입니다. 사람이 힘들어서 직장을 그만두거나 이직하거나 만남을 회피하는 경우가 있습니다. 정말 견디기 힘들고 삶을 피폐하게 만드는 사람이라면 피하는 것이 방법이지만 성향이나 성격 차이로 인해 발생하는 인간관계 문제는 회피하는 것이 정답은 아닙니다. 힘들어서 다른 회사나 단체를 가더라도 자신과 맞지 않는 사람은 또 존재하기 때문입니다. 나와 다르다는 이유로 스트레스가 생길 수 있지만 이를 극복하는 방법은 회피가 아니라 이해와 소통입니다.

정답이 존재하는 질문이 있다면 이를 설명하기 전에 OX 질문으로 만들어봅니다. 이를 통해 학습자가 가지고 있는 배경지식이 어떤지 알 수 있습니다. 또한 O나 X 표시에 대해 "왜 그렇게 생각하셨나요?"라고 추가로 질문할 수 있습니다. 강사와 편히 대화를 나눔으로써 강의 초반의 분위기를 부드럽게 만들고 학습자가 강의에 집중할 수 있도록 돕습니다.

저는 OX 질문을 학습자에게 제시할 때 O나 X의 표시를 머리 위로 손으로 해달라고 요청합니다. 학습자는 앉은 자리에서 적은 부담으로 액션을 취할 수 있기 때문에 곧잘 요청에 응해줍니다. 추가해서 "혹시 표시를 하지 않으시는 분은 왜 표시를 할 수 없었는지, 어떤 고민을 하고 계시기 때문인지, 어릴 적부터의 성장배경과 이야기를 저와 일대일 개별 면담으로 들을 테니 앉아 계실 때 편하게 손으로 표현해주시길 부탁드립니다." 같은 유머를 웃으며 말하면 훨씬 더 부드러운 분위기에서 진행합니다.

질문은 학습자의 감정이나 생각을 직접적으로 알 수 있는 방법입니다. 하지만 학습자가 즉각 답변하기 어려운 경우가 있기 때문에 요령이 필요합니다. 첫 번째 요령은 질문이 알기 쉽고 즉각적으로 이해가 가능한지 살펴보는 것입니다. 추상적이고 철학적인 내용을 묻는 질문은 답변이 어렵습니다. 학습자는 자신의 신념이나 가치를 묻는 질문보다 경험을 묻는 질문에 더 쉽게 답변할 수 있습니다. 두 번째 요령은 학습자가 생각할 수 있는 시간을 주는 것입니다. 빨리 답변을 하도록 압박하거나 재촉하는 것은 좋지 않은 방식입니다. 질문하기 전에 답변할 학습자를 지목하는 것보다 전체 학습자에게 질문을 먼저 하고 나서 답변할 학습자를 지목하는 편이 낫습니다.

질문을 만들려면 자신에게 먼저 질문하면 됩니다. 자유롭게 질문을 떠올리는 것도 방법이고, 5W1H같이 갖춰진 틀에서 생각하는 것도 좋은 방법입니다. 저는 5W1H로 자문자답하면서 강의 콘텐츠를 만들고, 학습자의 생각이 중요하거나 궁금하다면 강의 때 직접 질문합니다. 리더십 강의 콘텐츠를 만들면서 질문한 내용입니다.

왜? Why?: 리더십이 왜 필요한가요?
언제? When?: 언제 리더라고 느끼나요?
누가? Who?: 내가 인정하는 리더는 누구인가요?
무엇을? What?: 리더에게 필요한 것은 무엇인가요?
어디서? Where?: 리더라고 인정 받는 장소는 어디인가요?
어떻게? How?: 리더십을 어떻게 발휘할 수 있나요?

위 항목들은 강의 콘텐츠를 만들면서 자연스럽게 하게 되는 질문입니다. 대답이 될 수 있는 콘텐츠를 준비하는 것이 강사의 몫이지만 학습자에게 질문하여 학습자의 생각을 듣는 것도 좋은 강의 콘텐츠가 됩니다.

학습자의 답변을 들었다면 이를 정리하고 확인하는 과정이 필요합니다. 학습자가 한 말을 언급하며 학습자의 생각과 의도를 강사가 간략하게 설명합니다. 그리고 이해한 것이 맞는지 확인합니다. 학습자에게 칭찬과 감사의 말을 전하는 것으로 마무리하면 됩니다. 혹시 강사가 준비한 메시지와 다른 맥락의 답변이 나올 수도 있습니다.

그래도 괜찮습니다. 편견을 가지지 않고 학습자의 의견을 존중하는 것이 중요합니다. 답변에 대한 감사의 말을 전하고, 겸손하게 준비한 콘텐츠를 이어가면 됩니다.

3. 대화하며 서로에게 배우기

 강의는 강사와 학습자가 나누는 대화입니다. 이를 통해서 학습자가 깨달음을 얻고, 학습할 수 있습니다. 하지만 강사와 대화를 나누는 방법만 있지 않습니다. 학습자 간의 대화를 통해서도 배움을 얻을 수 있습니다. 강사가 전하는 이야기를 들으며 배우는 것보다 자신의 생각을 말하면서 배우는 경우가 더 많을 때도 있습니다. 학습자는 대화를 통해 생각을 정리하고, 감정을 느끼고, 학습합니다.

 강사는 학습자가 대화를 시작하는 것이 어렵다는 사실을 고려해야 합니다. 무슨 말을 어떻게 해야 하는지 막연하기 때문입니다. 또 주목 받는 것에 대한 부담감과 불편함을 느끼는 학습자가 있을 수 있습니다. 그래서 강사는 학습자가 대화를 부드럽게 시작할 수 있도록 배려해야 합니다. 처음부터 너무 추상적이거나 거창한 주제로 대화를 시작하는 것을 피해야 합니다. 학습자가 대답을 쉽게 떠올릴 수 있는 주제를 준비하면 편안한 마음으로 대화를 시작할 수 있습니다.

 저는 긍정심리나 행복에 대한 강의를 할 때 항상 사용하는 대화 주제가 있습니다. 바로 취미입니다. 취미는 사람이 긍정적인 에너지를 회복하고 행복을 느끼게 만들어주기 때문입니다. 취미에 대한 대화를 나눈 후 자연스럽게 강의 내용으로 이어갑니다. 이처럼 강의 주제와 관련된 대화를 나눌 수 있도록 하는 편이 좋습니다.

준비할 때 생각할 점이 있습니다. "취미가 뭔가요?"라고 묻는 것은 쉬워 보이지만 간혹 대답하기 어려워하는 학습자가 있습니다. 범위가 넓기 때문에 막상 '취미'라는 단어를 듣고 바로 떠오르지 않을 수 있기 때문입니다. 혹은 정말 '취미'가 없어서 대답이 어려울 수도 있습니다. 그래서 직접적으로 '취미'를 묻는 것이 아니라 구체적인 정보를 나눌 수 있도록 합니다. 예를 들면 '최근에 본 영화', '좋아하는 뮤지션/음악', '주말에 한 일'과 같이 좀 더 구체적으로 준비합니다. 대화 주제를 구체적으로 제시하면 학습자가 대답을 떠올리기 쉽고, 대화를 시작하기 편합니다. 질문이 쉬워야 학습자도 말하기 쉽습니다.

가장 많이 활용하는 대화 프로그램은 '숫자로 말해요'입니다. 미리 준비한 질문에 손가락으로 수치를 표현한 다음 대화를 이어갈 수 있도록 하는 것입니다. 학습자는 앉은 자리에서 손가락으로 표현만 하면 되기 때문에 거부감 없이 시작할 수 있습니다.

첫 질문은 '요즘 느끼는 행복 점수'입니다. 0점이면 정말 최악이라고 느끼는 요즘입니다. 양손 주먹을 쥐면 됩니다. 100점이면 세상 가장 행복한 시절을 보내고 있다는 뜻입니다. 양손을 활짝 펴서 손가락 10개로 표현하면 됩니다. 먼저 강사에게 손으로 표현해달라고 요청합니다. '하나, 둘, 셋' 구령을 넣어서 이끕니다.

학습자 모두가 손가락으로 표현했다면 짝꿍이나 조원들에게 보여주도록 합니다. 그리고 가장 높은 점수인 사람부터 대화를 시작합니다. 자신의 점수가 몇 점인지, 어떤 이유에서 점수를 책정했는지 말합니다. 다른 조원들은 집중해서 경청하도록 합니다. 대화를 시작하기 전에 말을 끊거나, 대화를 가로채는 행동을 하지 않도록 주의 사항을 알립니다. 자신의 이야기를 타인에게 온전하게 하고, 타인의 이야기를 주의 깊게 경청하면서 대화의 힘을 체험하는 프로그램입니다.

점차 점수가 낮은 사람들로 진행하면서 자신의 이야기를 진솔하게 꺼내게 됩니다. 자연스럽게 대화에 집중하기 때문에 이 프로그램을 하고 나면 위로와 공감을 얻고, 새로운 힘과 에너지를 얻을 수 있습니다. 사람을 통해서 얻는 에너지가 있는 것이죠.

학습자들의 이야기가 끝나면 함께 살아가는 것에 대한 피드백을 합니다. 어떤 조직이나 단체에 가도 점수가 100점인 사람이 있고, 0점인 사람도 있습니다. 모두가 높은 행복도를 느끼는 경우는 없는 것이죠. 그렇기 때문에 꼭 기억해야 할 한 가지가 있습니다. 지금 행복한 사람은 주변에 힘들어하는 사람을 도와줄 필요와 의무가 있다는 것입니다. "나는 행복하니까 됐어"로 끝나면 안 된다는 것이죠. 인생이란 참 신기하게도 지금 행복한 사람이 앞으로도 계속 행복한 경우는 드뭅니다. 평생 내내 행복한 사람은 없어요. 가끔은 넘어지기도 하고, 생각지 못한 어려움을 겪기도 합니다. 행복 점수가 떨어지는 순간이 반드시 찾아옵니다. 반면에 지금 힘들어하는 사람이 앞으로 평생 힘든 경우도 드뭅니다. 행복 점수가 올라가는 나날이 옵니다. 삶은 오르막과 내리막이 끊임없이 이어집니다.

그러니까 지금 행복한 사람이 불행한 사람에게 손을 내밀어 선순환을 만들어야 합니다. 이후에 자신이 힘든 순간에 도움을 받을 수 있도록 해야 합니다. 한 공간에서 매일 마주치는 직장 동료들 사이에서 선순환이 일어나야 합니다. 끊임없이 도움을 주고받는 관계가 되어야 하죠. 그렇게 행복한 일터를 만들어갈 수 있습니다. 서로의 현재 상황을 공유하고, 주변을 돌아보고 도와야 하는 것을 알려주는 '숫자로 말해요' 프로그램입니다.

도구를 이용해서 대화를 시작하는 방법도 있습니다. 대화를 나눌 수 있는 소재를 제공하는 것입니다. 강사가 쉽게 활용할 수 있는 도구는 각종 카드입니다. [솔라리움 카드], [동사 카드], [가치 성장 카드], [감정 카드], [브릿지 카드], [강점 카드], [질문 카드] 등이 있습니다. 이런 카드가 있으면 생각이 편해지고 대화도 편해집니다. 할 말이 생기는 것이죠. 구매해서 사용하면 되지만 자기 강의 주제에 적합한 도구를 직접 제작해서 활용하는 것도 좋은 방법입니다. 강의 주제와 관련된 단어 혹은 문장을 카드로 만들 수 있습니다. 저는 핵심 단어 목록을 카드로 만들어 활용합니다.

질문을 구체적으로 만들거나 카드를 준비하는 방법의 공통점은 학습자가 느낄 막연함을 줄여서 최대한 편하게 대화를 시작할 수 있도록 만드는 것입니다. 대화를 할 수 있는 소재를 제공하는 것이죠. 학습자에게 예시를 제공하는 것도 좋은 방법입니다. 공백 상태에서 대화를 시작하는 것은 어렵지만 참고할 예시가 있으면 쉽게 시작할 수 있습니다. "리더십이란 무엇인가요?"라고 주관식으로 질문을 받으면 답을 떠올리기 어렵습니다. 하지만 학습자가 객관식이나 예시를 제공받아 고르는 방식이라면 한결 수월하게 대화를 시작할 수 있습니다. "리더십은 영향력이다", "리더십은 동기부여다", "리더십은 커뮤니케이션이다", "리더십은 목표 설정이다"와 같이 예시를 준비할 수 있습니다. 그러면 학습자는 자신의 생각과 맞는 예시를 고르고, 왜 그렇게 생각하는지 이유를 말할 수 있습니다. 대화가 시작되는 것이죠.

대화 방식에 변화를 주는 것도 생각합니다. 팀원이 돌아가며 자기 이야기를 하고 다른 팀원들이 듣는 방식은 유용합니다. 하지만 자신의 차례가 끝나고 4~6명의 다른 사람 이야기를 계속 집중해서 듣는 것은 정신적으로, 신체적으로 매우 힘든 일입니다. 간단한 대화는 옆자리 짝꿍과 진행하면 됩니다. 일대일이 더 깊은 마음속 대화로 이끌어줄 수 있습니다. 바로 앞에서 대화를 나누면 말하는 사람도 듣는 사람도 대화에 집중할 수밖에 없습니다.

짝꿍 대화처럼 부담감이 낮은 대화로 시작해서 팀원 모두가 참여하는 대화도 했다면 학습자 한 사람을 지목하여 전체에게 발표하게 하는 것도 좋은 방법입니다. 시간이 부족해서 미처 이야기하지 못한 학습자에게 요청하면 조금 더 부드럽게 참여하게 만들 수 있습니다. 이때 발표자의 대화 상대는 강사이기 때문에 주의 깊게 들어야 합니다. 발표자의 이야기를 듣고 피드백을 해야 합니다. 발표자에게 칭찬, 위로, 격려의 말을 전하고, 말한 내용을 요약 정리하여 전체에게 공유합니다. 그리고 교육 시사점을 생각해서 피드백 하는 것이 강사의 할 일입니다.

준비를 많이 해도 자신의 이야기를 말하거나 대화를 나누는 것이 불편해서 소극적으로 참여하는 학습자가 있을 수 있습니다. 상황이나 여건 때문일 수도 있고, 생각이 정리가 되지 않았거나, 타고난 성격 때문일 수도 있습니다. 이럴 땐 억지로 시키는 것보다 차례를 지나가도록 하는 편이 낫습니다. 대화가 불편하다면 적는 것으로 대신할 수도 있습니다. 참여가 꼭 활동적이고 에너지 넘치는 프로그램으로 운영되어야 한다는 고정관념을 내려놓으세요.

4. 게임으로 학습하는 방법

저는 강의 도입부에 게임을 많이 활용합니다. 강의를 즐겁게 시작할 수 있는 효과가 있고, 게임을 통해 전하고 싶은 강의 메시지를 쉽게 이해할 수 있기 때문입니다. 학습자가 실제로 체험하면 강의의 필요성에 대해서 더 깊이 공감해서 강의에 집중하게 만드는 효과도 있습니다. 특히 커뮤니케이션이나 협력, 팀워크 주제의 경우 게임은 유용한 콘텐츠입니다.

게임의 가장 큰 장점은 재미와 즐거움입니다. 하지만 모든 참여 콘텐츠가 그렇듯이 게임 역시 목적이 분명해야 합니다. 단순히 경쟁해서 승부를 가르고 즐거운 시간을 보내는 것에서 끝나면 안 되는 것이죠. 학습자가 게임을 통해 무엇을 느끼고, 무엇을 배우는지 분명히 알아야 합니다. 대화를 나눌 수 있는 소재로 활용할 수 있어야 합니다. 게임은 수단이자 도구입니다. 학습이 사라지고 게임이 목적이 되지 않도록 주의해야 합니다.

제가 커뮤니케이션 강의에서 활용하는 협력 게임을 소개합니다. 우선 게임 도구로 숫자 1부터 100까지의 카드가 필요합니다. 진행 방식은 다음과 같습니다.

1. 팀원 모두 카드 한 장씩 받습니다.
2. 자기 카드의 숫자를 확인하고 옆 사람에게 보여주지 않습니다.
3. 게임 목표는 팀원이 받은 카드를 전부 공개해서 내려놓는 것입니다.
4. 조건 1: 낮은 숫자부터 높은 숫자 순서로 공개해서 내려놓아야 합니다.
5. 조건 2: 자신의 숫자가 무엇인지 알려주는 말이나 행동을 해서는 안 됩니다.
6. 눈빛 교환만 가능합니다.
7. 받은 카드를 전부 공개해서 내려놓았다면 1번 성공입니다.
8. 높은 숫자를 먼저 공개했다면 실패입니다.
9. 성공하거나 실패하면 카드를 한 곳에 모아두고 새로 카드를 받습니다.
10. 100장의 카드를 모두 소진하면 게임을 종료합니다.
11. 팀 대항으로 가장 많이 성공한 팀이 1등입니다.

협력 게임은 규칙이 간단해서 누구나 쉽게 익힐 수 있습니다. 큰 액션을 요구하지 않기 때문에 학습자가 부담 없이 참여할 수 있는 장점도 가지고 있습니다. 또한 침묵 속에서 진행하기 때문에 묘한 긴장감을 불러일으킵니다. 첫 한두 라운드 이후부터는 모든 학습자들이 게임에 몰입하는 장면이 연출됩니다. 성공하면 환호성을, 실패하면 아쉬움의 탄성을 내기도 합니다. 카드 한 장으로 연습게임을 진행한 후 본게임은 카드 두 장으로 진행합니다. 난이도를 높인 겁니다. 혹시 두 장을 너무 어려워한다면 다시 한 장으로 진행해도 괜찮다고 안내합니다.

협력 게임은 학습자가 자연스럽게 팀원들의 눈을 바라보게 만들고 팀워크에 대해서 생각하게 만듭니다. 게임이 끝나면 무엇을 느꼈는지 질문하며 대화를 이끌어갑니다. 저는 이 게임을 잘하기 위해서 생각해야 하는 비결 하나가 있다는 말로 피드백을 시작합니다. 무엇일까요?

바로 '서로의 시간 차이를 이해하는 것'입니다. 게임을 하다 보면 이런 말들을 곧잘 합니다. "아~ 빨리 좀 내!", "이걸 왜 이렇게 오래 끌어!", "어유, 답답해." 직장에서도 흔히 말하고 들을 것입니다. 이건 각자가 생각하는 시간의 기준이 다르기 때문에 나타나는 모습입니다. 누군가의 시간은 빨리 흐르고, 누군가의 시간은 천천히 흐르는 것이죠. 그래서 누군가는 답답하다고 느끼고, 누군가는 이해가 안 된다고 말합니다. 시간에 대한 기준이 다를 뿐인데 틀렸다고 생각합니다.

시간 차이가 발생하는 이유는 여러 가지입니다. 일에 익숙한 사람은 빠를 수 있고, 아직 일이 손에 익지 않은 사람은 시간이 더 많이 필요합니다. 타고난 개인의 성격이나 성향도 영향을 끼칩니다. 우리는 성격이 급한 사람, 성격이 느긋한 사람이 있다는 사실을 알고 있습니다. 함께 일하는 모두가 같은 시간의 기준으로 움직이면 좋겠지만 안타깝게도 그런 이상적인 경우는 거의 없다고 볼 수 있습니다.

그래서 우리는 서로를 이해하는 과정이 필요한 것이죠. 이해가 필요하다는 건 알겠는데 무엇을 이해해야 하는지에 대해서 물을 수 있습니다. 이때 대답할 수 있는 한 가지가 바로 각자 가지고 있는 시간의 기준입니다. 협력게임을 통해 각자 가지고 있는 시간의 기준이 다르다는 사실을 알았습니다. '내가 그 숫자를 가졌다면 더 빨리 내렸을 텐데, 그 숫자라면 더 오래 들고 있을 텐데'라는 생각을 바꿀 수 있는 것입니다. 팀원 한 사람 한 사람이 어느 정도의 숫자에서 어느 정도를 기다리는지 파악할수록 게임의 성공 횟수가 점점 많아집니다. 상대방의 입장에서 생각하는 것이죠. 제가 정말 좋아하는 협력 게임입니다.

하나의 게임을 통해 다른 메시지를 전달하는 경우도 있습니다. 오름차순 빙고로 유명한 '스트림스'라는 보드게임이 그렇습니다. 20개의 숫자를 빈칸에 채워 가장 높은 점수를 획득하는 게임인데 전략과 운이 3:7 정도로 작용합니다. 룰이 간단하고 인원 제한이 없는 게임이라서 즐겨 활용합니다.

저는 게임이 끝나고 세 가지 피드백 중 하나를 선택해서 설명합니다. 첫 번째는 전략의 중요성입니다. 전략은 목표를 달성하기 위해 행동 계획을 수립한다는 개념입니다. 무턱대고 게임에 임하는 것이 아니라 목표를 정하고 이를 달성하기 위한 행동을 먼저 생각하는 것이죠. 그래서 첫 게임은 아무런 전략 없이 규칙만을 알려주고 진행하고, 다음 게임은 높은 점수를 획득할 수 있는 방법을 제안한 다음 진행합니다. 그러면 보통 첫 게임보다 두 번째 게임에서 더 높은 점수를 획득합니다. 이를 바탕으로 어떻게 하면 게임을 잘할 수 있는지, 높은 점수를 얻을 수 있는 방법에 대해서 생각하고 게임 하는 것이 중요하다고 강조합니다.

두 번째는 성장입니다. 누구나 지식을 쌓거나 스킬을 익히는 처음에는 어려움을 느낍니다. 뭐가 어떻게 돌아가는지도 모르고 배운 적도 없기 때문입니다. 하지만 포기하지 않고 계속 도전해서 반복하다 보면 이해가 되고 능숙해집니다. 성장하는 것입니다. 게임도 마찬가지입니다. 운의 작용이 크다고는 하지만 운의 영향을 최대한 낮추고 최선의 선택을 찾아낼 수 있습니다. 그러다 보면 처음엔 10~20점 정도의 점수를 획득하던 학습자가 40, 50점을 넘기는 경우가 종종 나타납니다. 게임의 결과가 현실적인 성공을 의미하는 건 아니지만 점점 더 높은 점수를 획득하는 성장의 과정을 체험하는 건 의미가 있습니다.

세 번째는 팀워크입니다. 이때는 게임의 승패를 한 개인의 점수가 아니라 팀원 전체의 합산 점수로 결정합니다. 그러면 학습자 모두 최선을 다하는 의지가 강해집니다. 더 높은 점수를 획득하기 위해 아이디어를 모읍니다. 팀원 모두가 동일한 방법을 사용하지는 않지만 각자 나름대로 최선을 다합니다. 그렇지만 결과는 차이가 있습니다. 높은 점수를 획득하는 팀원이 있고, 낮은 점수에 그치는 팀원이 있습니다. 이때 낮은 점수의 팀원을 탓하지 않는 것도 필요합니다. 하나의 팀이라는 팀워크를 강조합니다. 결과가 좋지 않다고 해서 탓하지 않는 것이죠. 사실 운칠기삼의 게임이기도 하니까요.

게임은 평소에 접할 수 없는 새로운 경험을 제공합니다. 이를 통해 잘 알고 있는 학습 주제들을 다시 배울 수 있습니다. 소통을 잘하기 위한 방법으로 존중과 배려를 알아도 실제로 실천하는 것은 다른 문제이죠. 게임은 이를 체험할 수 있는 콘텐츠입니다. 부담감도 덜어내면서요.

게임은 규칙을 알고 있는 것과 실제로 진행하는 것의 차이가 큽니다. 그래서 미리 연습하는 것이 필요합니다. 미처 생각지 못했던 변수가 발생할 텐데, 처음부터 변수는 당연히 발생한다고 생각하고 시작하는 것도 도움이 됩니다. 준비는 완벽하게 할 수 있지만 완벽하게 진행되는 경우는 없다는 마음가짐으로 편하게 진행하세요. 강사도 게임을 즐겨야 합니다.

연 습 하 기

참여 콘텐츠를 찾을 수 있는 정보를 알려드립니다. 모든 강의 콘텐츠가 그러하듯이 참여 콘텐츠도 평소에 관심을 가지고 꾸준히 찾을 수밖에 없습니다. 한 가지 팁이라면 진행을 글로 배우는 것보다 영상으로 확인하는 편이 쉽습니다. 그러니 유튜브를 검색하세요.

책	[교육훈련을 Active하게 만드는 101가지 방법] [팀빌딩 액티비티] [아이스 브레이크 101] [워크숍 매뉴얼] [서준호 선생님의 교실놀이백과 239] [비즈니스 프레임워크 도감] [팀워크 툴박스] [보드게임, 교육과 만나다]
유튜브	[민성쌤TV] [tv도란노] [Outscord] [Team Exercises] [ShawnMHowell] [Tom Heck] [Youth Ministry Great Games] [Elevate Experiences]
사이트	[한국여가문화전인교육센터] [플레이킹] [FunFun한 강의 연구소] [Youth Group Games] [The Team Building Dirctory] [Venture Team Building] [Stuff You Can Use]

참여 콘텐츠에 대한 정보는 우리 나라보다 해외에 많습니다. 개발도 많이 하고 공유도 많이 하고 있는 실정입니다. 마케팅 활동이라는 점을 감안하더라도 우리는 아직 많이 부족합니다. 앞으로 노력해야 하는 영역입니다. 코로나로 인해 화상으로 진행할 수 있는 참여콘텐츠에 대한 논의가 활발하게 이뤄지고 있습니다. 다양한 디지털툴들도 등장했죠. 앞으로 더욱 많은 연구, 개발이 필요합니다.

나만의 강의 콘텐츠를 만드세요

　재료 준비는 끝났습니다. 이제 요리를 시작해볼까요? 강의 콘텐츠 만들기의 진짜 시작은 지금부터입니다. 책을 읽고 덮어버리면 의미가 없습니다. 강의 콘텐츠를 실제로 만들어야죠. 아, 아직 노트북을 펼칠 때는 아닙니다. 노트북 말고 포스트잇을 준비하세요. 규칙은 포스트잇 한 장에 아이디어 하나입니다.

　첫 번째 포스트잇에는 강의 주제를 적습니다. 클래식과 트렌드가 기억나시나요? 경영학이나 심리학의 주제를 정하세요. 포스트잇 중앙에 크게 적으시면 됩니다. 뭘 적어야 할지 모르겠다면 독서 단계로 돌아가야 합니다. 클래식 책과 트렌드 책을 구별해서 읽으세요. 혹시 처음 정한 주제가 너무 포괄적인가요? 조금 더 구체적이고 작은 개념의 주제를 다른 포스트잇에 다시 적으세요.

　다음 포스트잇에는 핵심 단어를 적습니다. 당연히 주제와 연관성이 있어야겠죠? 핵심 단어 목록을 다시 살펴보세요. 마음에 드는 핵심 단어를 고르시면 됩니다. 아마도 마음에 드는 단어뿐만 아니라 알고 있는 단어나 할 말이 많은 단어도 고르셨을 겁니다. 3~4개 정도의 단어가 적절합니다. 너무 적으면 막막하고, 너무 많으면 복잡해집니다. 핵심 단어를 나름대로 해석해서 정의를 적어보세요. 고른 단어가 어떤 의미를 지니고 있는지 설명해주세요.

이제 이론을 다룰 차례입니다. 책은 많이 읽으셨나요? 도서관이나 서점으로 가서 반나절이나 하루 정도 시간을 보내세요. 아는 게 많아질수록 강의 콘텐츠를 만드는 일이 쉬워집니다. 두세 권을 집중해서 읽으면 준전문가가 되실 거예요. 논문이나 영상도 좋습니다. 인터넷에도 방대한 자료가 있습니다. 이론을 공부하면서 발견한 콘텐츠를 포스트잇에 적으세요.

개념, 중요성, 필요성에 대한 내용을 적으세요. 구성 요소를 먼저 정리하는 것도 좋습니다. 다른 콘텐츠를 포함할 수 있는 조금 넓은 범위니까요. 실험이나 근거가 있다면 적고, 현실 사례나 실천 방법도 적으세요. 진단, 검사가 있다면 빼놓지 마세요. 포스트잇에 차곡차곡 적습니다. 점점 많아지고 있군요.

충분히 포스트잇이 많아졌다면 구조를 생각할 수 있습니다. 다른 건 다 잊어도 되니까 [왜-무엇을-어떻게] 구조는 꼭 기억하세요. 이론에서 발견한 콘텐츠들을 정리합니다. 스스로에게 질문하고 해답을 찾으세요. 아직 콘텐츠 간의 맥락이나 흐름을 생각하지 않아도 괜찮습니다. 그룹핑 하는 것처럼 콘텐츠를 모으세요. 그리고 어떤 내용으로 하면 좋을지 생각해보세요. 포스트잇에 적는 이유는 옮기기 쉬워서 입니다. 포스트잇을 옮기면서 내용을 정리하세요.

이제 더 많은 포스트잇을 추가할 단계입니다. 사례를 찾아볼 시간이죠. 본인의 경험과 생각을 적어보세요. 경험은 내용을 알 수 있는 단어나 문장과 의미를 담고 있는 핵심 단어를 적으면 됩니다. 길게

서술할 필요는 없어요. 본인의 어떤 경험인지 아니까요. 생각은 최대한 구체적으로 상세하게 정리해서 적습니다. 생각을 간결하게 적으면 나중에 어떤 의미인지 알기 어려울 수 있습니다. 경험과 생각이 연결되어 있는 경우가 많습니다. 경험은 간결하게, 생각은 상세하게 적는 게 팁입니다. 아마도 의미가 있을 것 같은 경험이나 생각을 떠올리기 위해 노력하실 겁니다. 없는 걸 지어내지는 마세요. 과도한 각색은 학습자를 불편하게 만들 수 있습니다. 아, 찾다가 질문이 생각났다면 따로 적어두세요. 해답을 찾으면 좋은데 학습자에게 질문해도 좋은 콘텐츠가 됩니다.

포스트잇의 양을 계속 늘립니다. 세상의 모든 사례에 관심을 가져 보세요. 항상 안테나를 켜두고 살아야 합니다. 핵심 단어를 생각하면서 하루를 보내면 세상 모든 것들이 콘텐츠로 보입니다. 얼른 생각나는 대로 포스트잇에 적으세요. 사례를 찾다 보면 10년 전, 20년 전으로 거슬러 올라갈 때도 종종 있습니다. 쥐어 짜내는 기분이 들어요. 너무 멀리 가지 말고 좋아하는 분야에서 사례를 발견하는 편이 쉽습니다. 평소에 무엇을 보고 들으면서 살고 계신가요?

참여는 다른 색 포스트잇을 이용하시면 나중에 알아보기 편합니다. 실습, 질문, 대화, 게임을 찾아서 적으세요. 책에서 알려드리지 못했지만 도구, 토의, 활동의 방법도 있습니다. 강의 콘텐츠를 만들다 보면 훨씬 더 다양한 참여 콘텐츠를 만나실 거예요. 각각의 참여 콘텐츠를 아이스브레이킹, 체험, 솔루션으로 구분하면 알아보기 편합니다. 아이스브레이킹 콘텐츠보다 체험이나 솔루션 콘텐츠가 많다면 대단하신 겁니다. 참여 콘텐츠도 꾸준히 공부하고 개발해야 합니다.

참여 콘텐츠는 포스트잇 하나에 제목 적고 끝내는 것으로는 부족합니다. 도입과 결론에 대한 콘텐츠를 따로 적으세요. 사실 더 중요한 부분이라고 할 수 있습니다. 이제부터 무엇을 할 것이며, 어떤 의미가 있고, 무엇을 생각하고 배울 수 있는지도 함께 적으세요. 필요한 도구나 장치를 적는 것도 좋은 방법입니다.

여기까지 포스트잇에 적었다면 정말 많아졌을 겁니다. 이제 배치를 생각할 차례입니다. 맥락만 따지면 됩니다. 먼저 자리 잡을 콘텐츠와 나중에 등장할 콘텐츠를 정리합니다. 정답이 없습니다. 더 매끄럽게 이어질 수 있도록 끊임없이 고민해야 합니다. 무턱대고 하다 보면 좋은 결과가 나올 수도 있습니다. 반복이 가장 빠른 지름길입니다.

포스트잇으로 어느 정도 내용이 정리가 됐다면 이제 노트북을 열 차례입니다. 그리고 강의 교안을 만듭니다. 아마도 파워포인트겠죠. 단어만 있어도 되고, 사진 한 장만 있어도 됩니다. 내용이 중요하죠. 디자인이나 기능은 차츰차츰 배우면 됩니다. 천천히 하나씩입니다.

가장 중요한 질문이 있습니다. 이론을 공부하고, 사례를 찾고, 참여를 설계하면서 "이 콘텐츠가 진짜 필요해?"라고 끊임없이 질문하는 것입니다. 맥락이나 구조를 신경 써야 하지만 진짜 필요한 콘텐츠인지 아닌지를 분별하면 나머지는 저절로 해결됩니다. 완벽함이란 더 이상 보탤 것이 남아 있지 않을 때가 아니라, 더 이상 뺄 것이 없을 때라고 생텍쥐페리가 말했습니다. 강의 콘텐츠도 마찬가지입니다. 필요하지 않다고 생각된다면 과감하게 삭제하세요.

진실한 강사가 되기 위해 노력합니다. 리더십 강사가 리더십이 없다는 우스갯소리를 기억하시나요? 저 역시 커뮤니케이션 강의를 하면서 정작 실생활에서는 커뮤니케이션을 못 한다는 말을 종종 들었습니다. 이래서는 곤란합니다. 강의 내용과 실제 삶이 일치하는 진실한 강사여야 합니다. 그래서 강의는 학습자를 위하면서 강사 본인의 삶을 위한 일이기도 합니다.

성실한 강사가 되고자 합니다. 강사가 해야 할 일이 정말 많습니다. 프리랜서 강사의 경우 기업에 존재하는 모든 부서의 일을 한 사람이 감당한다고 봐도 무방합니다. 연구 개발, 마케팅, 영업, 총무, 회계까지 전부 해내야 합니다. 성실하지 않으면 버틸 수 없는 직업입니다. 특히 메시지와 콘텐츠는 성실함이 바탕이 되지 않으면 성장할 수 없는 영역입니다. 바쁘다고 공부를 미루지 않아야 합니다. 학습자에게 유익한 내용을 전달하기 위해서 공부가 우선되어야 합니다. 오늘 콘텐츠가 내일은 틀렸을 수 있습니다. 그래서 책 한 권이라도 더 읽어야 합니다. 끊임없이 배워야 하는 직업이 강사입니다.

마지막으로 겸손한 강사입니다. 지식의 저주에 빠지면 오만한 사람이 됩니다. 자신이 아는 것이 전부인 줄 아는 것이죠. 강사는 끊임없이 배우다 보니 위험한 순간이 올 수 있습니다. "그렇다, 이렇게 해라"라고 강조하는 강의가 되지 않도록 조심해야 합니다. 본인이 알고 있는 지식이 진리라고 착각하면 안 됩니다. 사실 우리가 배우는 모든 지식은 "그렇지 않을까요?"의 영역이라고 생각합니다. 알면 도움이 되지만 그렇다고 모든 사람에게 보편적으로 적용되지 않을 수 있습니다. 내가 아는 것이 전부가 아님을 아는 겸손함을 잊지 않아야 합니다.

저는 교육이 더 나은 세상과 사람을 만들 수 있다고 믿습니다. 그래서 수많은 사람들을 강의로 만나는 강사의 역할이 정말 중요합니다. 이 책을 통해 저와 만난 모든 분들이 진실, 성실, 겸손의 가치를 공유했으면 합니다. 더 나은 콘텐츠를 가지고 학습자와 만나 선한 영향력을 발휘하는 강사가 되기를 소망합니다. 저 역시 그러겠습니다. 감사합니다.

이 책이 앞으로 걸어가는 길에 도움이 되면 좋겠습니다.

박준영 ————————————————————

강의 콘텐츠 만들기 교육을 3년 넘게 진행하며 백 명이 넘는 강사들을 만났고 리더십, 커뮤니케이션, 진로, 부모 등 20여 개 주제의 콘텐츠를 만들었습니다. 현재 강의 콘텐츠 연구소 소장으로 강의, 제작, 컨설팅을 합니다. 더 나은 세상이 되기 위해서 교육이 가장 중요하다는 확신을 가지고, 더 좋은 강의와 콘텐츠가 널리 전파될 수 있도록 힘쓰고 있습니다.

학습자를 사로잡는
강의 콘텐츠 만들기

초판인쇄 2020년 9월 21일
초판발행 2020년 9월 21일

지은이 박준영
펴낸이 채종준
펴낸곳 한국학술정보㈜
주소 경기도 파주시 회동길 230(문발동)
전화 031) 908-3181(대표)
팩스 031) 908-3189
홈페이지 http://ebook.kstudy.com
전자우편 출판사업부 publish@kstudy.com
등록 제일산-115호(2000. 6. 19)

ISBN 979-11-6603-093-2 13370